本成果得到教育部人文社会科学研究项目（20YJC63
哲学社会科学协同创新团队项目、长江师范学院国家一流

经济管理学术文库·管理类

多数据源融合下的
景区客流量预测与预警研究

Research on Tourist Flow Forecast and Early Warning
Based on Multiple Data Source Fusion

张斌儒／著

经济管理出版社

ECONOMY & MANAGEMENT PUBLISHING HOUSE

图书在版编目（CIP）数据

多数据源融合下的景区客流量预测与预警研究/张斌儒著 . —北京：经济管理出版社，2022.10

ISBN 978-7-5096-8742-0

Ⅰ.①多…　Ⅱ.①张…　Ⅲ.①风景区—客流量—预测—研究　Ⅳ.①F590.63

中国版本图书馆 CIP 数据核字（2022）第 185413 号

组稿编辑：范美琴
责任编辑：范美琴
责任印制：黄章平
责任校对：张晓燕

出版发行：经济管理出版社
　　　　　（北京市海淀区北蜂窝 8 号中雅大厦 A 座 11 层　100038）
网　　址：www.E-mp.com.cn
电　　话：（010）51915602
印　　刷：唐山玺诚印务有限公司
经　　销：新华书店
开　　本：720mm×1000mm/16
印　　张：13.5
字　　数：205 千字
版　　次：2022 年 11 月第 1 版　　2022 年 11 月第 1 次印刷
书　　号：ISBN 978-7-5096-8742-0
定　　价：88.00 元

前　言

　　近年来，旅游业经历了发展的黄金期，成为我国经济发展的助推器。然而，景区在繁荣的旅游市场背后仍面临两难困境。一方面，随着消费者收入的增加以及国家法定节假日制度的实施，消费者积蓄已久的旅游需求短期内得到释放，各个热门景区在旅游旺季客流量急剧攀升，导致景区安全事故偶有发生，给景区的承载力和公共安全造成严重的威胁，影响景区的可持续发展；另一方面，由于旅游具有很强的季节性特征，旅游淡季客流量急剧减少，闲置的旅游资源未能得到充分利用，严重影响景区盈利水平，进而导致不可挽回的经济损失。在此背景下，亟须提前对景区客流量的大小及变化趋势进行更为准确、及时的预测与预警。

　　随着互联网的全面普及和信息技术的巨大进步，与旅游相关的在线旅游大数据越来越多，主要包括网络信息搜索数据、气象数据、交通数据、在线评论数据、临近区域时空旅游需求数据、手机信令数据以及景区旅游官网流量数据等。这些数据能反映消费者的公共关注和兴趣，蕴含潜在旅游需求，并且具有实时性强、获取成本低等特征，如何将这些宝贵的数字资源进行融合并用于旅游需求预测与预警值得深入研究。

　　本书共分为八章，探索网络搜索数据、气象数据、临近区域客流量数据、景区旅游官网点击率数据以及交通数据在不同情形下进行融合的旅游需求预测与预警。第一章为导论，分析研究背景，讨论研究目标与研究意义，介绍研究方法、研究思路与内容框架，最后总结主要创新之处。第二章为文献综述，对国内外相关研究进行梳理与总结，主要包括对各种旅游需求预测方法、基于网络搜索数据的社会经济活动预测、基于各类数据源的旅游需求预测、旅游预警研究现状进行梳理与总结，最后对已有研究进行评述。第三章为旅游需求相关理论，主要对旅游需求的度量、旅游需求的产生、旅游需求的影响因素以及消费者的旅游决策与旅游需求的实现进行阐述，为本书实证分析部分提供理论依据。第四章为旅游需求预测实证分析框架构建，涉及数据的收集与预处理、数据降维与数据分析、实验数据集的构建与预测评估，为后续各章的游客流量预测及预警实证分析提供指导。第五章为基于多源混频数据的游客流量预测研究，以海南三亚为案例，在网络搜索数据的基础上，基于混频数据抽样回归模型构建合并预测方法，探索临近城市接待客流量信息和机场飞机起降架次数据的加入是否能有效改善模型预测精度。第六章为基于多数据源的景区日度客流量预测研究，以九寨沟风景区为案例，基于长短时记忆深度学习模型构建混合预测方法，探索气象数据和景区旅游官方网站点击率数据的加入是否能有效改善模型预测性能。第七章为多数据源融合下的景区日度客流量预警研究，基于各类旅游大数据源构建预警指标体系和预警框架，以四姑娘山为案例，考虑到数据的可获取性，选择指标体系中的网络搜索数据和气象数据构建实验数据集，利用第六章的 BiLSTM-Attention 模型对日度客流量进行预测，并在此基础上定义警度，测算景区最大客流承载量和保本容量值，进而针对旅游旺季和旅游淡季进行预警研究。第八章为结论与建议，总结研究结论，根据研究结果提出政策建议，总结研究需要改进之处并对将来研究进行展望。

笔者在对外经济贸易大学攻读博士学位时，在恩师黄先开教授的指导下一直从事旅游需求预测研究，本书的研究得到了教育部人文社会科学研究青年基金项目（项目批准号：20YJC630202）的资助，也是该项目的最终成果。在本书的研究及写作过程中，得到了同行的鼓励和工作单位长江师范学院的资助与支持。

殷切希望本书能够给读者带来丰富的基于多数据源的旅游需求预测的相关理

论与方法。但限于笔者的理论水平和实践经验以及在相关领域的研究时间相对较短，本书的缺点和不足之处在所难免，恳请专家和广大读者批评指正。

张斌儒

2022 年 4 月于长江师范学院

目　录

第一章　导论

习近平总书记多次强调要推动互联网、大数据、人工智能与实体经济的深度融合，数字经济将成为旅游高质量发展的新动能，在此背景下景区公共安全管理迎来了新的机遇。现阶段，一方面，随着我国经济的持续增长，消费者旅游需求呈上升趋势，旅游旺季急剧增长的游客流量给旅游景区环境承载力和旅游资源带来巨大压力，游客旅游体验大打折扣，景区安全事故频发。另一方面，旅游淡季客流量急剧减少，闲置的旅游资源未能得到充分利用，导致旅游资源的不必要浪费，景区可持续发展受到威胁。旅游需求预测一直是旅游行业和学界重点关注和研究的领域，而现有预测技术很难为景区提供实时、稳定的客流预测信息，景区缺乏有效的客流预测工具和预警方案，而智能互联时代消费者搜索数据、微信微博指数以及气候等日益增长的旅游大数据蕴含消费者潜在的旅游需求。在此背景下结合旅游相关理论探索多源大数据融合下的景区客流量预测与预警研究具有广阔的应用前景和前瞻性，可为旅游管理信息化以及旅游公共安全风险防控提供决策支撑。

本章旨在分析研究背景、研究目标与研究意义，在此基础上构建研究思路，凝练主要研究内容，总结研究方法和技术路线，最后介绍本书主要的创新之处。

第一节　研究背景分析

一、全球旅游业发展现状

现代旅游产业自 19 世纪产生以来，在 20 世纪便得到了较为快速的发展，尤其是在第二次世界大战以后，国际旅游业经历了相对稳定的发展，一跃成为新兴产业。20 世纪 60 年代以来，全球的旅游经济增速总体上高于全球的经济增速，旅游业逐步发展成为全球十分重要的新兴产业，一度超越汽车工业和石油业而成为世界上最大的产业。这种情况持续到 20 世纪 90 年代，此后，国际旅游收入占比持续增加，超过了石油和机电等出口收入，旅游业的优势地位一直持续至今。到 2020 年，全球旅游收入已经增加到 16 万亿美元，大约占全球 GDP 总量的 10%，能够提供的工作岗位大约占全球总就业量的 9.2%。旅游业是十分脆弱的产业，对外界的冲击十分敏感，比如 2020 年新冠肺炎疫情的暴发给全球旅游业带来了前所未有的冲击，以致世界旅游业发展呈现出明显的下滑趋势。近几年，全球旅游业呈现出一些新的特点：首先，随着经济的快速发展，消费者生活水平大大提高，人们不再满足于对物质生活的享受，期望追求更高级的精神文化需求，旅游休闲成为人们的最佳选择之一。其次，世界旅游格局正在发生转变，以中国为代表的一些新兴国家的旅游目的地大量涌现。最后，传统的观光旅游以及度假旅游已经受到个性化和自由化的冲击，各种新颖独特的旅游方式如雨后春笋般涌现。

二、我国旅游业发展状况

自改革开放以来，我国的旅游业经历了起步阶段、成长阶段、拓展阶段以及综合发展阶段，实现了从旅游短缺型国家到旅游大国的历史性跨越，国民大众旅游消费的格局基本实现，国内与国际旅游市场协调发展的市场格局基本形成。

根据《"十三五"旅游业发展规划》，在第十二个五年规划期间，我国旅游业已经全面融入国家战略体系之中，成为我国国民经济十分重要的战略性支柱产业。2015 年统计数据显示，旅游业对国民经济的综合贡献度已经达到了 10% 以上。近年来，我国国内旅游市场、入境及出境旅游市场活跃，已经成为全球规模最大的新兴旅游市场，在国际旅游消费方面潜力巨大。我国旅游资源非常丰富，在各种类别的旅游景区中，截止到 2017 年底，一共有 AAAAA 级景区近 250 处。从旅游需求来看，2017 年国内接待游客超过了 50 亿人次，同比增长 12.8%；国内旅游收入超过了 4 万亿元，同比增长 15.9%。入境游客流量接近 14000 万人次，同比增长 0.8%。我国全年旅游总收入 5.4 万亿元，同比增长 15.1%。根据文旅部相关统计数据，2012~2019 年，我国旅游总收入一直保持强劲的增长势头（如图 1-1 所示）。随着我国小康社会的全面建成，旅游已经成为大众日常生活休闲的重要组成部分。

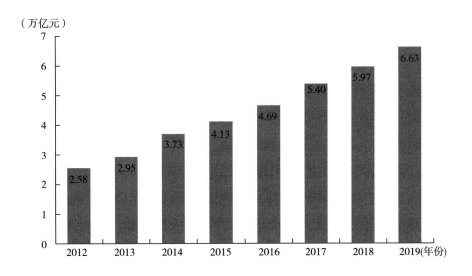

图 1-1　2012~2019 年中国旅游总收入统计

根据国家"十四五"规划和 2035 年远景目标纲要，"十三五"以来，在党中央的强有力领导下，我国的文化及旅游发展势头向好，稳中有进。文化旅游已经成为人们对美好生活需要的催化剂，成为推动旅游高质量发展的支撑，在党和国家的工作全局中有举足轻重的作用。新时期，我们应该清晰地认识到国内旅游业面临的各种不确定性因素，文化事业、文化产业和旅游业的发展不平衡、不充分的矛盾依然突出，城乡之间的差距还存在，文化及旅游产品的供需还不能够完全相匹配，不能完全达到高质量发展相关要求，突发公共事件将给旅游市场带来诸多不确定性。因此，"十四五"时期，文化旅游发展机遇与挑战并存。

当前我国经济发展进入新常态，随着经济社会发展的持续向好，近几年我国旅游行业保持着强劲的增长势头，旅游产业结构发生了较大的变化。随着消费者消费水平的日益提升，我国旅游文化建设的进程进一步加快，旅游业发展前景向好。出游人群的规模在迅速攀升，年内多次出行旅游的人群比例扩大，更多人将会通过旅游的方式来缓解生活压力，从更深层次追求精神方面的享受，领略祖国大好河山的风景，这将有力促进我国旅游业的发展。在旅游目的地以及旅游方式方面，休闲旅游逐步取代观光性旅游而成为出游的主要选择，亲子旅游市场也越发受到广大消费者的青睐，出游的年龄出现了年轻化趋势。在旅游客源地和目的地城市方面，经济相对发达城市的出游热度相对较高，目的地的食宿、交通、游玩、购物、休闲娱乐、康养等都是旅游消费者考虑的重要因素。近几年，旅游业正逐步成为国民经济的战略性支柱产业。根据联合国世界旅游组织的测算，早在2016年，我国旅游业对国民经济的贡献度为11%，对我国社会就业的贡献度已经超过10%，达到世界的平均水平。我国旅游业的综合效应正日益凸显，旅游业在创业等方面的效果十分明显；旅游业在缓解生活压力、满足人们对美好生活的向往等方面发挥着十分重要的作用；在促进人民消费、拉动内需等方面的效果显著。

目前，我国旅游业发展的有利条件和机遇较多，旅游业仍然处于发展上升期，主要表现在以下几个方面：①大众旅游消费持续快速增长。随着我国全面建成小康社会，我国已经进入乡村振兴时期，城乡居民收入将会得到稳步增长，消费结构进一步优化，人民生活水平进一步提升，中等收入群体进一步增加，健康指数显著改善，带薪休假制度将会得到逐步的落实，法定节假日制度不断优化完善，大众的旅游意愿大幅提升，旅游消费将会进一步得到释放，为我国旅游业的发展提供了良好的条件。②利好政策加快旅游供给侧结构性改革。在国家进一步推进供给侧结构性改革以及全域旅游的大背景下，旅游业的供给将会得到持续优化，区域旅游协同发展，我国将进一步向全域旅游模式转变，从而促进旅游发展的阶段性演进，实现旅游业发展的优化升级。③交通网络持续增强。随着我国交通建设步伐的加快，高速公路、高铁、机场等旅游交通基础设施进一步完善，旅游交通基础设施网络逐步形成，旅游投资持续向好，旅游供给体系逐步改善，将拉动大众旅游消费，带动旅游业快速发展。④文化与旅游深度融合。文化是旅游的灵魂，旅游是文化的载体，两者紧密联系，不可分割。早在2018年3月，我国对文化部和国家旅游局进行了整合，组建了文化和旅游部，这将两者的工作进行了更为紧密的结合，避免了多头管理的弊端，符合社会经济发展的需要，赋予了文化旅游新的时代内涵，既充分考虑到两者的内在联系，又充分认识到当下大众消费升级的需求，进而解决了旅游开发中的短板，对旅游业的发展意义重大。文化与旅游部的组建意味着文化旅游将成为推动我国经济发展的重要力量，有助于文旅相关企业深挖文化内涵，促进文化旅游业的整体升级，进而使得旅游经济的发展走向良性循环。⑤2022年发布的《旅游绿皮书：2021-2022年中国旅游发展分析与预测》显示，2021年，我国旅游业实现高质量发展的过程中，数字技术的广泛应用正成为旅游业产品和公共服务赋能的重要支柱，数字经济创新将激发旅游行业发展新动能。

世界经济形势、各种不确定性因素以及疫情的不稳定性给我国旅游业的发展带来了新的挑战，主要体现在以下几个方面：

（1）受外部环境影响较大。由于旅游业韧性较弱，容易受外界不确定因素和突发事件的干扰，导致各个国家旅游业发展的不稳定性。比如，新冠肺炎疫情等流行性疾病的暴发、金融动荡等经济因素、地震和海啸等自然灾害、地区恐怖活动以及战争等政治因素都会导致旅游需求的急剧下降，给旅游行业带来巨大的冲击。

（2）旅游市场管理有待进一步完善，旅游政策法律法规相对滞后。目前，旅游业发展较快，但仍然存在一些管理盲区，现有的法律法规等难以匹配快速发展的旅游业，国内旅游市场秩序有待规范，旅游相关活动还需进一步加强监管，部分旅游市场缺乏诚信，地区间的行业壁垒不适应全域旅游下的区域旅游协同发展等。另外，随着共享经济、共享理念等概念的提出，共享经济在旅游业中的应用势必会更加深入，这会对传统的旅游业造成不小冲击，传统的酒店业、餐饮业都会受到影响，因此，旅游业各项政策法规应加紧完善实施。

（3）旅游季节性强。我国地域辽阔，各个区域气候差异较大。随着季节的变化，加之我国法定节假日制度的实施，旅游需求呈现出季节性的波动，很多旅游目的地淡旺季明显，部分景区旅游产品单一，导致旅游淡季时间较长，景区营收状况不佳，这给旅游业的可持续发展带来了巨大挑战。

三、数字经济时代背景下的旅游需求预测

（一）旅游需求预测的必要性

旅游业是一个十分脆弱的行业，主要表现在其发展会受到各种因素的影响。从旅游业的内部来看，旅游业供给的各个组成部分在数量以及质量上都需要实现联动协调发展，其中任何一部分出现异常或者脱节都会导致其他部分受到影响，对旅游景区或目的地的旅游业供给造成影响，进而对旅游业的可持续发展产生影响。从外部的大环境来看，无论是在经济环境和社会环境方面，还是在自然环境和政治环境方面，一旦出现重大的不利变化，都会影响旅游业的发展。不论是旅游目的地方面还是旅游客源地方面，一旦某些不利的变故出现，都会影响旅游业的正常发展。

受国家法定节假日以及气候条件、疫情、地震等各种因素的影响，旅游需求往往呈现明显的季节性特征，同时也呈现各种不确定性。因此，旅游需求的季节性和非线性特征十分明显（陈荣等，2014），一些旅游目的地供需难免会出现失衡的情况。在旅游旺季，消费者的出游意愿短时间得到释放，大量游客涌入知名度较高的景区，进而导致景区游客滞留，影响旅游体验；景区的承载力和接待能

力也面临严重考验，安全事故时有发生。例如，2012 年 10 月 2 日，国庆黄金周期间，华山风景区客流量短期内急剧增长，导致大量游客滞留于山顶，进而造成景区入口发生严重的堵塞，严重影响景区内的正常运转。2015 年上海外滩跨年夜的踩踏事件引发了大量网民的关注。类似事件也出现在九寨沟和乐山大佛等旅游景区，这类事件的发生对景区的形象造成了一定程度的负面影响，甚至可能导致不可挽回的经济损失和后果。

由于旅游产品的易逝性和不可存储性（Song and Li，2008），在旅游淡季，游客量急剧减少，大量旅游资源长时间闲置。例如，航空座位空置率高，大量酒店入住率低，这些资源一旦无法被及时利用，都会无形中导致旅游相关资源的浪费。因此，提前预测旅游需求将有利于旅游相关部门的决策制定，减少不必要的经济损失和资源浪费，有助于进一步的景区客流量预警。本书将探讨各类旅游大数据源融合下的旅游需求预测与预警。

（二）旅游大数据的范围及特征

大数据时代的来临拓展了社会经济可用数据的边界，尤其是极大地拓展了空间地理大数据的获取方法、渠道以及对人类社会和自然环境观测的维度。地理大数据来源十分广泛，一是业务运营数据，主要包括移动通信公司产生的通信大数据，出租车产生的交通轨迹数据、物流数据，医院的就医数据等。二是传感器网络数据，主要指的是一些地面传感器收集到的交通、环境监测等数据，这类数据一定程度上记录了人类行为的特征。三是社交网络大数据，随着科学技术的进步和互联网的全面普及，微博、微信等各种社交媒体产生了大量能反映人类活动、互动以及交往的相关信息。除此之外，可以利用的大数据还包括网络搜索大数据、遥感数据等，这些数据记录了社会经济活动和人类活动的各个方面，蕴含了重要的动态特征信息。目前，网络搜索数据、气象数据、社交媒体数据等已经成功应用于旅游需求预测研究。地理空间大数据具有数据规模大、数据产生的速度快、类别多样化、真伪难辨以及价值巨大等特征，大数据的终极目标需要客户从大量数据中挖掘有用的信息，为社会经济服务。本书主要探索网络搜索数据、气象数据、社交媒体数据、旅游目的临近区域旅游客流量数据等与旅游相关的数据源融合下的旅游需求预测与预警。

（三）数字经济背景下多源旅游大数据与旅游需求预测

数字经济是全球未来发展的方向，是经济发展的重要动能。数据是数字经济时代的关键生产要素，本书探索可用的各类旅游大数据融合下的景区客流量预测与预警效果，将各类数据转化为可利用的宝贵财富，助力景区公共安全管理与服务。

1. 互联网规模发展状况

目前，网络搜索数据、在线评论数据、气象数据等已经被用于旅游需求预测，且有助于改善模型的预测性能（Li et al., 2020；Jwb et al., 2020）。

与传统的信息获取途径不同，随着互联网的普及，网民更愿意通过互联网进行信息查询，近几年我国网民的规模总体呈现出稳步增加的态势。2021年公布的第48次《中国互联网络发展状况统计报告》显示，截至2021年6月，我国的网民规模超过了10亿人，与2020年底相比，新增网民2175万人，互联网普及率超过了71%，与2020年同期相比，互联网普及率提升了1.2个百分点。2018年6月以来我国的网民规模和互联网普及率如图1-2所示。图中显示，随着网民数量持续上升，互联网普及率呈现出持续增长的态势。

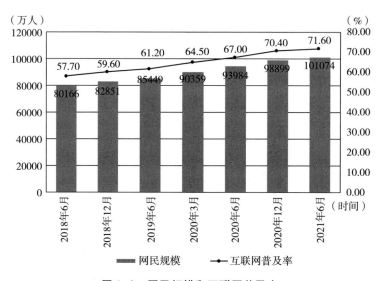

图1-2 网民规模和互联网普及率

资料来源：《中国互联网络发展状况统计报告》。

手机网民规模方面，截止到 2021 年 6 月，我国的手机网民规模已经达到了10.07 亿人，与 2020 年底相比，手机网民新增 2092 万人，其中使用手机上网的比例达到了 99.6%，与 2020 年底基本持平。2018 年 6 月以来我国手机网民规模及其占网民比例如图 1-3 所示。从图中可以看出，手机网民规模稳中有升，手机网民占比一直保持在 98% 以上，这证明，随着移动互联网的普及，越来越多的网民使用手机上网。

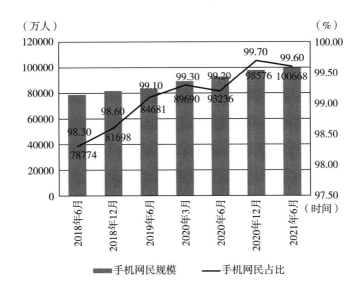

图 1-3 手机网民规模和手机网民占比

资料来源：《中国互联网络发展状况统计报告》。

超 10 亿网民开启了"十四五"数字经济发展的新篇章。截至 2021 年 6 月，我国网民的总体规模已逾 10 亿人，网民规模是我国经济高质量发展的巨大推动力，为我国数字新基建的加速建设、国内大循环的畅通、数字政府服务水平的促进与提升提供了坚实的基础。

2. 消费者信息搜索与旅游需求预测

中国互联网信息中心的调查报告显示，截至 2020 年 3 月，通过互联网的方式预订酒店、飞机票、火车票等旅游产品和服务的网民规模高达 3.73 亿，与

2018 年底相比减少了 3705 万人，占网民整体的 41.3%。受疫情影响，从短期来看，网民在线预订规模有所降低，但从中长期来看，随着疫情的好转至结束，在线预订有望得到缓解。

作为一种基础的互联网应用，搜索引擎在网民的日常信息搜索及信息获取中扮演着十分重要的角色。自 2013 年以来，我国搜索引擎的用户规模一直呈现稳定增长的势头，但受手机垂直应用分流的影响，近两年用户的使用率稳中有降，具体如图 1-4 所示。截止到 2020 年 3 月，我国的搜索引擎用户规模超过了 7.5亿，与上年同期相比，用户规模和搜索引擎使用率都有轻微上升。2015 年以来，利用手机使用搜索引擎的用户规模呈现逐渐稳步增长的良好态势。

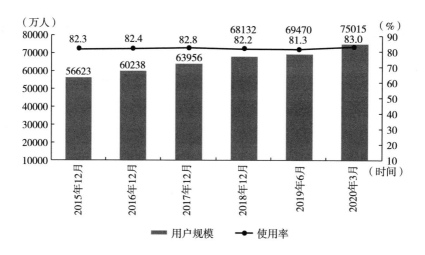

图 1-4　搜索引擎用户规模及使用率

资料来源：《中国互联网络发展状况统计报告》。

自 2010 年谷歌退出我国市场之后，国内的搜索引擎得到了快速的发展。中国互联网信息中心统计数据显示，2019 年国内搜索引擎的品牌渗透率最高的是百度搜索，渗透率已经超过了 90%，排在第二位的是搜狗搜索，其品牌渗透率超过了 50%，360 搜索的渗透率居第三位。数据进一步显示，网民在平时的工作以及学习中对搜索引擎的使用最为频繁，使用率达 76.5%。而出差旅游场景下的使用率高达 58.2%，日常出行的使用率为 56.7%，网上购物以及查找周边生活服务的使用率分别为 52.8% 和 50.6%。

通过以上数据可以看出，互联网的普及和信息技术的发展使得消费者更愿意通过互联网进行信息查询，了解旅游相关的信息，从而制定进一步的旅游决策。与传统通过报纸、电视等媒介了解信息相比，网络信息搜索具有成本低、信息量大、实时性强等特点（张斌儒等，2018）。当网民通过百度等搜索引擎对旅游相关的信息进行搜索时，搜索引擎对搜索信息以关键词的形式进行了记录，这些网络搜索数据累积的速度十分惊人，网络搜索数据中蕴含消费者的兴趣和潜在的旅游需求，对景区游客流量等旅游需求具有一定的预示作用，为旅游相关部门的决策制定以及科研工作者的科学研究提供了宝贵的数据来源。这类数据已经被成功应用于旅游需求预测研究（Song et al., 2019）。

3. 其他数据源与旅游需求预测

随着移动通信技术的发展，通信基站记录了反映人们在时空维度移动的手机信令数据，这些海量数据背后隐藏着有价值的知识模式，人类移动行为预测成为可能。目前该类数据可获取并且主要应用于轨道交通预测领域（杨飞，2007；符饶，2015；李春晓等，2015；王思韬等，2017）。客流量预测领域的应用还十分少见，主要就客流的主要活动区域和分布进行预测（Jia，2013）。随着信息技术的不断进步，基于手机信令数据的游客行为挖掘与客流量预测值得探索，但数据获取十分困难。

诸如日照、气温、降雨量、风速等天气因素对游客旅游需求会产生显著的影响（Papatheodorou，2001），其本身是支撑景区或旅游目的地旅游活动的资源，同时也作为一种重要的旅游吸引物。有大量学者就气象对旅游的影响展开了研究（吴普等，2010；Perkins and Debbage，2016；Michailidou et al.，2016）。陈荣（2014）利用气温、湿度、风向风速构建出人体舒适度指数，并基于该指数利用非线性模型对黄山短期客流量成功进行了预测。但气象因素用于预测还十分少见，利用气象因素进行旅游需求预测仍值得深入研究。

与百度指数不同，微信指数是一种移动端指数，该指数由微信官方提供，通过对微信大数据进行分析而产生，并且数据开源。通过该指数，微信使用者能够获取被收录的关键词在最近 90 天的查询量数据。而微博指数则是基于海量微博用户产生的行为数据以及博文数据，通过计算统计而得出的反映各个领域事件的变化状况。微信和微博等指数客观上反映了网民潜在的需求，能为社会舆情监测提供全新的工具（梁丽雯，2017）。另外，旅游需求具有时空相关性特征，临近区域的旅游需求相互之间具有很大的关联（Jiao et al.，2020），利用时空相关性对旅游需求进行建模也是一个值得探讨的课题。

近几年，已有大量研究利用网络搜索数据等单数据源进行旅游需求预测，但鲜见基于多数据源的旅游需求预测与预警的相关研究。为弥补单一数据源预测结果的稳定性不足以及预测精度不高等缺陷，本书提出如下问题：多源混频数据的加入是否会有效改善模型预测性能；气象因素、临近区域客流量数据、交通数据、景区旅游官网点击率等数据源数据的加入是否有助于旅游需求预测、如何根据多数据源构建具有可操作性和可复制性的景区客流量预警方案。本书就这些问题做进一步的探讨。

第二节　研究目标与研究意义

一、研究目标

本书在已有研究及相关理论的基础上，探索不同类型数据源融合下的景区客流量预测及预警研究，以期为旅游相关部门的决策制定提供必要信息，为游客提供客流量预警信息，从而制定最优旅游决策。具体而言，主要包括以下三个方面：

（1）引入消费者行为理论并结合旅游者动机相关理论和游客信息搜索行为理论挖掘多源大数据背后的游客行为，以期构建多源大数据与景区客流量之间的逻辑映射关系，探索多源大数据融合下的旅游需求预测的理论基础，丰富旅游需求预测理论。

（2）探索各个数据源对旅游需求预测的有效性和多数据源的融合路径，利用多源旅游大数据和机器学习等相关模型构建具有可操作性和可推广性的景区客流量预测与预警方案，实现人工智能、旅游大数据与旅游业的深度融合。

（3）根据客流量的预测与预警研究成果，为政府以及旅游相关管理部门的决策制定提供政策建议，为实现以智慧景区为核心的信息推送与应急管理提供必要参考，服务景区的可持续发展。

二、研究意义

探讨不同数据源融合下的旅游需求预测，对旅游相关部门的科学决策制定以及景区安全预警具有一定的理论意义和应用价值。

（一）理论意义

（1）综合消费者行为理论、旅游者动机相关理论以及游客信息搜索理论等挖掘不同多源旅游大数据背后的游客行为，以此为切入点构建地理大数据与景区客流量之间的映射关系，为基于多源地理大数据的客流量预测与预警研究提供理论依据。

（2）旅游业是典型的信息与气候依赖型产业。理论上，多源旅游大数据蕴含着与旅游需求相关联的动态特征信息，从这些复杂的大数据中挖掘有用信息并利用恰当的人工智能方法进行客流量预测，这一新颖的方法为大数据、人工智能与实体经济的深度融合提供了典型应用案例，对丰富旅游需求预测理论有着重要的理论意义。

（3）多学科协同创新。研究内容涉及安全学、旅游学、管理科学、信息科学等多个学科专业领域，属于交叉学科探索性研究，对跨学科知识和技术的协同创新实践具有一定学术价值。

（4）相关研究有助于深刻认识旅游需求发展演化的规律。另外，构建一套基于多数据源的景区客流量预警方法，有利于拓展旅游经济的研究领域，为旅游经济监测与预警提供理论上的指导，有助于丰富旅游需求预测与预警的研究内容。

（二）应用价值

（1）科学的景区客流量动态预测与预警是旅游公共安全风险防控和应急管理中亟须解决的重要问题之一。根据景区情况，基于人工智能技术并结合旅游相关的多源旅游大数据探索一套成熟的客流量预测方法并进行推广，具有重要的应用价值。

（2）科学的客流量预测与预警可用于引导游客的出行选择，对降低景区安全风险和危急情况救援等具有实际的意义，为目的地旅游管理实现信息化提供决策支撑，为旅游企业以及旅游相关部门的景区安全监测与应急管理提供理论依据和技术参考。

（3）作为国民经济战略性支柱产业，旅游业已成为国民经济的重要增长点。而精确的旅游需求预测对目的地决策制定和收益管理至关重要，有助于改善游客的旅游体验，提高业务效率，有利于相关企业和组织分配有限的旅游资源以保持市场竞争力，也有利于引导企业做出长期的投资规划和战略决策，进而实现旅游资源的高效配置，提高旅游业的高质量服务，进而为旅游业的高质量发展提供新动能。

（4）旅游需求预测与预警不仅能够为旅游相关行业提供决策上的参考，而且一定程度上能够为国家旅游相关部门进行宏观经济监测提供指导。市场微观层面上，可以帮助旅游投资者科学理性地把握旅游经济走向并制定相应的投资和运营策略。

第三节　研究方法、研究思路与内容框架

一、研究方法

1. 文献研究与实地调研相结合

收集中外与旅游需求预测、人工智能以及景区客流量预警研究等相关的文献

资料，梳理研究动态，提炼预测领域理论与前沿研究方法，延伸新时期旅游需求理论。深入样本景区所在地调研影响旅游安全的各种因素，探索景区旅游相关数据源，为客流量预测和景区客流量预警体系构建提供依据。

2. 实证分析为主，规范研究为辅

利用统计和数据挖掘等技术对数据进行预处理；利用构建的实验平台，选择适用于深度学习的高性能硬件设备构建深度学习预测平台；根据数据等特征选择恰当的模型进行预测研究；基于不同数据源的预测结果及外部安全影响因素进行预警研究；以具有代表性的样本景区为案例进行预测实验，借助综合预警等方法制定客流预警方案，同时利用规范研究方法对一些原理和规律进行描述性的定性分析；征求专家意见并结合景区的实际情况对景区最大客流承载量和保本容量进行测算，为预警等级的计算提供支持。

3. 比较研究法

将各类深度学习预测模型以及其他传统预测模型的预测性能进行对比，同时将具有优异预测性能的深度学习方法与传统的人工神经网络、支持向量机等浅层学习技术进行对比研究；对比分析不同源的数据加入是否会改善模型预测能力。

4. 基于多数据源的景区客流量预警方法

提出了一套基于多数据源的景区客流量预测及预警框架，以多源大数据为基础，通过各种统计方法和客流量预警指标构建景区客流量预警框架。

二、研究思路与内容框架

本书首先对基于网络搜索数据、网络评论数据、气象数据等数据源的旅游需求预测文献进行梳理，为后文研究提供必要的基础；其次对消费者行为理论、旅游者动机理论以及游客信息搜索理论等进行归纳总结，并构建研究框架，以期为本书后续研究提供理论依据和指导；再次利用多源旅游大数据并构建相应的模型进行旅游需求预测；最后基于多数据源构建景区客流量预警方案并进行预警案例分析。基于上述研究思路，本书研究内容由八章组成，具体如图1-5所示。

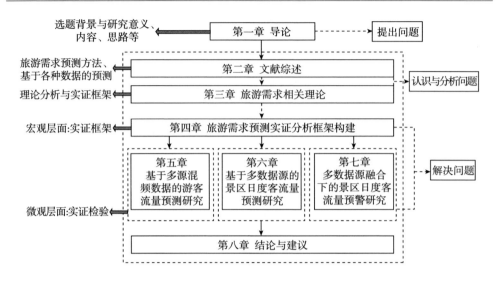

图1-5 本书内容框架

各个部分的具体研究内容如下：

第一章，导论，介绍本书的研究背景、研究意义、研究思路、研究方法以及内容框架等，最后对本书的主要创新点进行总结。

第二章，文献综述，重点对国内外旅游需求预测方法、基于网络搜索数据的旅游需求预测、基于其他数据源的旅游需求预测、基于混频数据的旅游需求预测以及景区安全预警相关研究成果进行回顾与梳理。相关研究成果为本书提供了直接研究思路和理论基础，并基于已有研究的不足之处提出本书的研究问题，进一步明确相关研究内容与研究目标。

第三章，旅游需求相关理论，阐述旅游需求的度量，基于旅游需求相关理论解释消费者旅游需求的激发需要满足主观和客观条件，综合旅游动机、旅游需求的影响因素，以及网络信息搜索相关理论，构建游客旅游决策与旅游需求实现的逻辑框架，为旅游需求预测及预警提供理论层面的指导。

第四章，旅游需求预测实证分析框架构建，根据实证分析的逻辑顺序，构建本书的实证分析框架。具体而言，对旅游需求预测过程中的数据获取与预处理、变量选择与数据降维、预选性能指标、预测精度显著性检验以及数据转化等步骤进行详细阐述，为后续各章节的预测及预警实证研究提供指导。

第五章，基于多源混频数据的游客流量预测研究，旅游相关的高频复杂多源大数据给旅游需求预测带来了新的挑战。本章旨在评估高维日度频率的网络搜索大数据、月度交通数据、旅游目的地临近区域的月度客流量数据和历史旅游需求数据作为模型输入集是否能改善月度客流量预测性能。考虑到网络搜索数据的高维度和稀疏性特征，以海南三亚为案例，尝试利用皮尔森交叉相关分析进行变量选择与数据降维，进一步利用因子模型从选择的关键词变量中挖掘对预测有用的特征信息，并将得到的公共因子分别代入构建的混频数据抽样（Mixed Data Sampling，MIDAS）回归模型对海南三亚月度客流量进行预测，然后利用合并预测技术对单因子 MIDAS 模型的预测结果进行合并，进而分别考察交通数据以及临近区域客流量数据的加入是否会改善模型预测性能。最后对构建的模型和基准模型的预测结果进行评估。

第六章，基于多数据源的景区日度客流量预测研究，精确的景区客流量预测是旅游公共安全风险防控和应急管理中亟须解决的重要问题之一，而日度客流量预测能为旅游相关部门和游客提供更为及时有效的信息。已有非线性预测研究主要基于浅层学习技术，无法满足日益增长的对旅游大数据的需求，无法学习到客流量时间序列的长期依赖关系。本章引入长短时记忆（Long Short Term Memory，LSTM）网络这一深度学习方法处理旅游需求中的复杂时序预测问题。为验证所提出方法的有效性，拟以九寨沟风景区为应用案例，选取九寨沟日度客流量数据、九寨沟风景区旅游官方网站点击率数据、九寨沟气象数据以及对应的网络搜索数据，作为实验数据集进行实证分析，同时分别考察气象数据以及旅游官网点击率数据的加入是否有效改善模型预测性能。

第七章，多数据源融合下的景区日度客流量预警研究，利用多数据源构建景区客流量预警指标体系并借助综合预警等方法构建预警框架，并以四姑娘山为案例，考虑到具体景区数据的可获取性，综合利用百度搜索指数、气象数据进行客流量预测，在此基础上对四姑娘山景区开展日度客流量预警研究。

第八章，结论与建议，对前面各章的预测和预警实证分析结果进行总结，并据此为旅游相关部门提出决策建议，总结本书研究的局限性，对将来进一步的研究进行展望。

第四节　主要创新之处

本书强调多数据源融合下的旅游需求预测与旅游预警研究，具体而言，可能的创新之处主要体现在以下几个方面：

（1）第五章针对传统模型只能处理等频数据预测问题，构建 MIDAS 回归模型框架，直接对混频数据以一种简约而灵活的方式进行建模，以降低模型预测误差率，并将客流量历史信息、交通数据、临近区域客流量数据以及百度搜索数据作为模型潜在预测变量。为保持建模的简约性，在 MIDAS 框架下，利用因子模型从大量网络搜索数据中提取公共因子，并利用预测合并技术对单因子的 MIDAS 模型预测值进行预测合并，以进一步改善模型预测能力。同时，分别考察交通数据和临近区域客流量数据的加入是否能够改善模型的预测能力。

（2）第六章突破传统预测技术的不足，在旅游需求历史观测数据的基础上引入网络搜索大数据、气象数据和景区官方网站点击率数据作为深度学习模型的输入集，并对景区日度客流量进行预测，这一新颖的预测方法具有时效性和可推广性。为充分利用时间序列过去和将来的信息，基于长双向长短时记忆（Bidirectional Long Short-Term Memory，BiLSTM）网络构建 BiLSTM-Attention 深度学习方法，对旅游需求进行预测研究，其中，Attention 机制用于根据输入序列在不同时间点重要性的不同指派不同的权重，该方法扩展了深度学习技术在旅游需求预测中的应用。同时，分别考察气象数据以及景区官网点击率数据的加入是否能够有效改善模型的预测能力。

（3）在已有旅游预警研究的基础上，借助综合预警等方法构建基于多源大数据的客流量预警指标体系和预警架构，并以四姑娘山为案例，利用网络搜索数据、气象数据建立多维预警指标体系，进而对景区客流量进行预警研究。该预测方法能够为旅游相关部门以及游客提供更为及时有效的预警信息，对景区公共安全管理和景区的可持续发展具有重要的意义。

第二章 文献综述

自 20 世纪 20 年代预测技术出现以来便得到了快速的发展，有效的社会经济活动预测有助于企业战略规划及决策制定，有助于消费者消费决策，有助于国家有针对性地进行宏观经济调控（李霞，2013）。各种预测技术是伴随科学技术进步以及先进生产力出现而发展起来的，本章对传统旅游需求预测方法进行系统的回顾，梳理网络搜索数据应用于预测研究的起源、基于网络搜索数据的其他各种社会经济活动预测、基于网络搜索数据的旅游需求预测以及旅游预警研究，最后对已有相关研究进行评述，提出本书的研究问题。

第一节 旅游需求预测方法概述

一、时间序列模型

时间序列模型是旅游领域早期研究中常用的预测方法。该方法试图通过对旅游需求自身时序数据的处理，来探究其变化规律和趋势。一般情况下，一个旅游需求时序数据往往是长期趋势变动、季节性变动、循环变动以及不规则变动等因素的叠加或耦合，这些因素的具体含义如下：①旅游需求的长期变动趋势。它是指旅游需求随着时间推移而呈现出持续上升或下降的趋势，或保持在某个水平上。②旅游需求的季节性特征。旅游需求的季节性变动十分明显，这主要是由于国家法定节假日的实施、旅游行业本身呈现的季节性特点等导致旅游需求在固定时期内表现出一定的规律性变化，通常表现为旅游淡旺季的波动。③旅游需求的周期性变动。一般是指由非季节性因素所引起有规律的循环波动，通常表现为旅游需求时间序列有规律的涨落起伏，进而呈现出相似的波动。④旅游需求的不规则变化。由于一些突发事件，旅游市场受到临时冲击而表现出突然变动。另外，由于受到其他不确定性因素的干扰，旅游需求在周期内还会呈现出随机性变动的特征。这种不规则变化是旅游需求建模及预测的难点。因此，时间序列模型根据旅游需求变量的趋势、季节性、循环交替变动和不规则变化等规律和模式来预测旅游需求。该模型试图探索并识别旅游需求的历史趋势和模式（如季节性），并根据模型中确定的趋势和模式对旅游需求的将来值进行预测。由于时间序列模型只需要旅游需求变量本身的观测，因此，数据的收集和模型估计的成本较低。由于模型简单易行，早在 20 世纪 70 年代左右就有学者利用该模型着手旅游需求预测研究，并在近 20 年得到了迅速的发展。

　　时间序列模型可进一步分为基本时间序列模型和扩展时间序列模型（Song et al.，2019；Peng et al.，2014）。基本时间序列模型主要包括 Naïve 模型、单指数平滑（Single Exponential Smoothing，SES）模型、自回归（Autoregressive，AR）模型、移动平均（Moving Average，MA）模型和历史平均（Historical Average，HA）模型等。其中，Naïve 模型分为 Naïve 1 模型和 Naïve 2 模型。到目前为止，Naïve 1 和 Naïve 2 是旅游需求预测文献中最容易采用和最流行的方法。尽管它很简单，但人们发现 Naïve 1 模型能够提供相当准确的短期预测，在早期研究中，这种简单的时间序列方法主要作为基准模型使用（Athanasopoulos et al.，2011）。就其他简单时间序列模型而言，AR 模型利用旅游需求的历史信息对将来进行预测；SES 模型具有一个参数，适合于具有平稳性特征时间序列的预测，也称为平稳性预测；MA 模型本质上和自回归模型有相似之处，不同之处在于移动平均是以过去的残差项来做线性组合，而 AR 模型是以旅游需求过去的观测值来做线性组合，MA 模型的出发点是通过组合残差项来观察残差的振动；HA 模型的计算与 MA 模型有近似之处，但其定义有本质的区别（Song et al.，2019）。近几年，很多简单时间序列模型都被作为基准模型使用，以期衡量预测方法的预测性能。

由于季节性是旅游需求的一个显著特征（Song and Li，2008；陈荣等，2014），因此，扩展时间序列模型是在基本时间序列模型的基础上考虑了时间序列的趋势性和季节性等特征，主要包括差分整合移动平均自回归（Autoregressive Integrated Moving Average，ARIMA）模型、多指数平滑（MES）模型、季节 Naïve（Snaïve）模型及季节 ARIMA（SARIMA）模型等。其中，MES 模型主要应用于具有趋势性、季节性或周期性波动的旅游需求预测，故又称之为趋势性、季节性或周期性预测。而 Snaïve 模型和 SARIMA 模型分别在 Naïve 模型和 ARIMA 模型（Box et al.，2008）的基础上考虑了旅游需求的季节性特征（Song et al.，2019）。事实上，前面讨论的很多模型都考虑了季节性。例如，基于 Naïve 1 模型，许多旅游需求预测研究构建了季节性 Naïve 模型（Jackman and Greenidge，2010；Gunter and Önder，2016）。研究表明，霍尔特—温特斯（Holt-Winters）类型的指数平滑模型（整合季节性成分）在预测澳大利亚的亚洲游客的旅游需求方面优于其他类型的 ES（Exponential Smoothing）模型（Lim and McAleer，2010）。

另一种扩展方式是在单变量时间序列模型的基础上引入额外的时间序列信息。例如，Goh 和 Law（2002）构建了多元 SARIMA 模型，该模型包括一个额外的干预函数，用于捕捉旅游需求序列的潜在溢出效应。他们的研究表明，相较于简单 SARIMA 模型以及其他单变量时间序列模型，多元 SARIMA 模型显著改善了预测性能。尽管如此，Gustavsson 和 Nordstrom（2001）的研究却发现，多元 SARIMA 模型并未表现出比单变量时间序列模型更好的预测能力。在旅游需求预测模型中，单变量时间序列的另一个扩展是金融建模领域常用的广义自回归条件异方差（Generalized Autoregressive Conditional Heteroskedasticity，GARCH）模型，该模型主要用于探索时间序列的波动性。例如，Chan 等（2005）构建了三个多元 GARCH 模型来检验旅游需求的波动性以及旅游需求模型中各种冲击的影响。但并未就这些多元 GARCH 模型的预测性能进行进一步的评估。

已有研究表明，在满足时间序列模型相关假定的条件下，时间序列模型在旅游需求预测中表现出优异的预测性能（Song and Li，2008；Song et al.，2019；Goh and Law，2002）。尽管如此，时间序列预测方法只利用时序数据本身的历史观测信息进行预测，未考虑旅游需求的影响因素，同时需要满足时间序列模型的相关假定，该预测技术主要适用于线性模式外推的预测环境（Song and Li，2008；张斌儒等，2018）。

二、计量经济模型

与时间序列模型不同，计量经济预测技术旨在探究旅游需求与其各种影响因素之间的定量因果关系，并通过对与旅游需求变量有联系的若干影响因素进行分析，对旅游需求未来的状态进行推算，进而利用随机性的数学语言构建模型并进行预测的方法。计量经济模型的重点在于建立因果关系结构，或确定各个解释变量对未来旅游需求的影响程度，据此作出预测，进而能够提供政策建议并对现有相关政策进行评估（Clements and Hendry，1998；Song et al.，2019）。从这个角度看，计量经济模型是对时间序列模型的一种扩展和改进。在过去 50 年中，学者对计量经济预测模型的持续关注有助于在不同的实证环境下探索各类影响因素与旅游需求之间的因果关系，有助于计量经济模型的发展和完善。

计量经济模型可以分为基本计量经济模型和扩展计量经济模型。早期研究使用的静态回归（Static Regression，SR）模型、分布滞后（Distributed Lag，DL）模型、自回归分布滞后（Autoregressive Distributed Lag，ADL）模型和误差修正模型（Error Correction Model，ECM）均属于基本计量经济模型范畴。其中，SR 模型是早期研究中最基本的计量经济预测模型（Laber，1969；Martin and Witt，1987），该模型只考察影响因素当期值对旅游需求变量的影响，模型结构相对较为简单，并未在模型中加入被预测变量以及影响因素的滞后变量。例如，Qu 和 Lam（1997）使用单方程 SR 模型对中国内地到中国香港的游客流量进行了预测。为了避免谬误回归问题，模型中包含的变量需要满足平稳性条件。然而，由于这种模型没有考虑影响因素的历史信息对旅游需求的影响，影响预测的准确性，模型解释能力往往较差。近年来，该模型主要作为基准模型使用（Athanasopoulos et al.，2011；Song et al.，2019）。

对基本计量经济模型进行不同的扩展，就得到各种扩展的计量经济模型，通常是将基本计量经济模型与其他模型进行集成，以充分利用不同模型的优点，另外一种扩展方式是将单方程模型扩展到多方程模型或引入时间动态。

在涉及旅游需求时间序列数据的回归分析中，如果回归模型中不仅包含有旅游需求影响因素的当期值，还含有它们的历史滞后值，就把它称为 DL 模型。但 DL 模型并没有考虑旅游需求的惯性特征，这种局限性限制了它的进一步应用，因此，DL 模型通常在预测评估中作为基准模型使用（Wan and Song，2018）。如果模型中的解释变量既包含旅游需求变量影响因素的滞后值又包含旅游需求变量自身的滞后值，就将其称为 ADL 模型，DL 模型和 ADL 模型均可以很好地解释旅游需求变量和它的影响因素之间的动态关系（Wan and Song，2018；Wong et al.，2003），但 ADL 模型在旅游需求预测中应用较多，Wong 等（2003）利用 ADL 对丹麦的入境游客流量成功进行了预测。

DL 模型和 ADL 模型没有考虑旅游需求和它的影响因素之间的长期关系和短期误差修正，ECM 是一种具有特殊形式的计量经济模型，如果两个变量之间具有协整关系，那么它们之间也会存在长期的关系，任何暂时的短期偏离都会被修正。因此，在 ADL 模型的基础上，ECM 则进一步考虑了旅游需求与其影响因素之间的长期关系，以及短期的误差修正机制（Song et al.，2019；陈强，2014）。研究早期，该模型较多用于旅游需求预测（Lim and McAleer，2001；Song and Li，2008）。例如，Syriopoulos（1995）利用 ECM 对地中海目的地的旅游消费变化进行了研究。Kulendran 和 Wilson（2000）以及 Song 等（2000）的研究也表明，ECM 在旅游需求预测中展现出优异的预测性能。Kulendran 和 Witt（2003）利用 ECM 对英国到其他国家的出境旅游需求进行预测，他们将汇率作为预测变量，研究结果表明，该方法对中长期预测效果较好。Lim 和 McAleer（2010）利用该模型对新加坡和中国香港两个客源地到澳大利亚的游客流量进行了预测，他们将收入以及旅游价格作为预测变量，研究表明，该模型仍然适合中长期预测。

另外，为充分利用不同模型的优点，ADL 模型通常和其他模型一起使用。例如，ADL 模型或 ECM 模型与时变参数（Time-Varying Parameter，TVP）模型一起使用可以充分捕捉经济结构的变化（陈荣，2014）。Li 等（2006b）综合 ECM 和 TVP 两个模型，并利用人均旅游消费作为预测变量，对到法国、西班牙等国的英国游客流量成功进行了预测，研究表明，两个模型的结合比单个模型的预测效果更好。为了避免通过简单平均、加总等方法将混频数据转化为同频数据可能造成的信息损失，Ghysels 和 Valkanov（2004）提出的混频数据抽样（Mixed Data Sampling，MIDAS）模型可以将频率不同的数据构建在同一模型中，同时保持模型的简约性。MIDAS 模型的提出最初是为了运用混频数据对股票市场的波动进行预测（Ghysels et al.，2005；Leon et al.，2007），后来，MIDAS 模型及其各种变体已成功应用于宏观经济预测领域（Li et al.，2015；Xu et al.，2019）。

MIDAS 模型在旅游需求预测领域的应用还十分少见。Bangwayo-Skeete 和 Skeete（2015）将 MIDAS 模型与 ADL 模型相结合，并利用谷歌数据对加勒比海的游客流量进行了预测。

ADL 模型和 ECM 等现代计量经济模型通过引入时间动态的方式扩展了静态的单方程模型，同样也可以通过引入外生变量的形式对动态时间序列模型进行扩展。计量经济学中常见的 ARIMAX 模型就是在 ARIMA 模型的基础上引入外生变量 X，ARX 模型是在 AR 模型的基础上引入外生变量 X。相关研究表明，这种扩展方式能够改善旅游需求预测精度（Akal，2004；Lim，2004；Vanegas and Croes，2000；Witt and Martin，1987）。例如，Vanegas 和 Croes（2000）利用 ARX 模型对美国到阿鲁巴的游客流量进行了预测，结果表明，加入外生变量的 ARX 模型能改善模型预测能力。Tsui 等（2014）构建 ARIMAX 模型对中国香港客流量进行预测，研究发现 ARIMAX 模型比 SARIMA 模型产生更好的长期预测结果。Park 等（2017）的研究表明，SARIMAX 模型的预测结果比 SARIMA 模型和指数平滑等基本时间序列模型更好。也有研究表明，ARIMAX 类型的模型与静态时变参数模型和 MIDAS 模型相结合表现出优异的预测性能（Bangwayo-Skeete and

Skeete，2015）。

另外一系列研究通过捕捉多个需求方程或时间序列的相互依赖性来构建计量经济模型，该方式扩展了静态单方程模型的形式，不是使用单一方程对旅游需求进行建模，而是使用多个方程对旅游需求进行建模并预测。几乎理想的需求系统（Almost Ideal Demand System，AIDS）模型就是其中的一种扩展方式。自 20 世纪 80 年代成立以来，该模型已经得到了经济理论的强有力支持。经验证据表明，该系统能够捕获特定产品和服务的需求（Song et al.，2019）。在旅游需求预测领域该模型也有应用。例如，O'Hagan 和 Harrison（1984）在旅游需求建模和预测方面，使用不同版本的 AIDS 模型来估计前往欧洲的美国出境游客的市场份额。然而，该模型没有考虑时间动态的影响，因此，AIDS 模型可以与 ECM 和 TVP 模型等其他动态模型组合进行旅游需求预测，Li 等（2006a）将 ECM 功能集成到 AIDS 中，他们发现动态 ECM-AIDS 模型在预测到欧洲目的地的英国游客流量方面表现良好。

向量自回归（Vector Autoregressive，VAR）模型也是单静态方程模型的扩展形式。VAR 模型能捕获包括旅游需求变量在内的多个内生变量的动态形成过程，在 VAR 模型框架内，所有解释变量均被视为内生变量，假设所有变量在跨期相互影响，因而该模型着重对内生变量的"跨期"相关性进行建模。然而，在旅游需求预测领域，Blunk 等（2006）以及 Song 和 Witt（2006）通过实证分析发现，就预测性能而言，经典 VAR 模型表现较好，但是在许多情况下，相较于其他现代计量经济预测模型，经典 VAR 模型的预测性能表现得不尽如人意（Song and Li，2008）。其改进措施之一是构建贝叶斯 VAR（Bayesian VAR，BVAR）模型（Wong et al.，2006；Assaf et al.，2018）。

国内利用计量经济模型的研究相对较少（陈荣，2014）。例如，曾忠禄、郑勇（2009）将我国的人均可支配收入、GDP、消费者物价指数等宏观经济指标作为模型的预测变量，建立相应的计量经济模型对中国内地到中国澳门的游客流量进行了预测。计量经济模型针对旅游需求的影响因素进行建模，一定程度上改善了模型预测性能，增加了模型的可解释性，但很难对高维度复杂数据进行有效的拟合。另外，旅游需求的影响因素有时难以确定，不同旅游目的地的旅游需求影响因素并不完全一致，而且宏观经济指标的数据发布相对滞后，预测时效性较差。因此，传统的时序模型和计量经济模型等线性预测方法面临诸如人工神经网络（Artificial Neural Network，ANN）、支持向量机（Support Vector Machine，SVM）等非线性预测技术的挑战，非线性预测方法能通过更为复杂的数据建模技术获得更高的预测精度。

三、人工智能模型

一般而言，旅游需求预测方法可分为线性预测与非线性预测两种类型，时间序列模型和计量经济模型属于线性预测方法，而人工智能（Artificial Intelligence，AI）算法使用数据驱动技术能够很好地解释非线性数据，而无须事先了解输入和输出变量之间的关系。AI 是随着计算机技术的发展而发展起来的一门新技术，在最近 30 年发展十分迅速，在很多学科领域有着十分广泛的应用。近年来，AI 已经成为一个独立的分支，在理论和实践上都已自成一个系统。该方法通过了解人的大脑智能的实质，并衍生出一种全新的能够模拟人类智能并做出反应的智能机器，目前在语音识别、图像识别、自然语言处理以及专家系统等方面均有巨大的突破。自 AI 技术诞生以来，其理论和技术逐渐成熟，应用领域呈现出扩大的趋势。

自 20 世纪 80 年代末至今，机器学习经历了浅层学习（Shallow Learning，SL）和深度学习（Deep Learning，DL）两次发展浪潮。AI 方法在旅游需求预测领域应用相对较晚，以人工神经网络和支持向量机等模型为代表的 AI 模型属于浅层学习方法。作为最常用的人工智能技术，ANN 模型已被证明在处理不完美数据或处理任何类型的非线性数据方面具有很强的可行性和灵活性。这些优势使得人工神经网络成为旅游需求预测研究中的重要工具（Song et al.，2019）。Law 和 Au（1999）尝试将 ANN 模型应用到旅游需求预测领域，通过构建前馈神经网络模型对到中国香港的日本游客流量进行拟合，研究结果显示，与多元线性回归模型和 ES 模型等预测技术相比，ANN 模型预测效果更好。有经验证据表明，在时间序列数据质量得不到很好满足的情况下，ANN 模型在预测性能方面要优于经典时间序列模型（Law，2001；Kon and Turner，2005；Pai and Hong，2005；Palmer et al.，2006）。随着研究的深入，研究者开发了一些改进的 ANN 算法，例如，Law（2000）通过改进前馈神经网络构建了反向传播的神经网络（Back Propagation Neural Network，BPNN）算法，并以此对到中国香港旅游的中国台湾游客流量进行预测。Kon 和 Turner（2005）通过实证分析发现，神经网络方法可以很好地进行短期旅游需求预测，这一结果为旅游相关数据记录相对较短的新兴旅游市场的旅游需求预测提供了实际指导意义。尽管如此，Claveria 和 Torra（2014）通过研究发现，如果对数据进行异常值清除以及平滑处理以后，传统的时间序列模型的预测性能会优于 ANN 模型。也有研究将 ANN 模型与其他线性预测技术组成合并预测模型进行预测。例如，Nor 等（2018）提议将 ARIMA 模型和 ANN 模型结合起来对旅游需求进行预测；Chen（2011）将 Naïve、ES 以及 ARIMA 等线性模型与 BPNN 以及回归版本的 SVM 等非线性 AI 模型结合起来对旅游需求进行预测，以评估模型的预测性能。国内相关学者也利用 ANN 模型对旅游需求进行了预测研究并取得了很好的效果（鲍青青等，2008；焦淑华等，2009；张郴、张捷，2011）。

虽然 ANN 方法对变量之间的关系和时间序列的分布没有要求，且具有良好的非线性预测能力，但存在以下缺陷：首先，随着神经元节点增多，训练时间会越来越长，一个可靠的预测模型通常需要通过反复实验而获得，模型训练复杂（Kon and Turner，2005）。其次，神经网络优化函数是一个非凸优化问题，易导致局部最优解；随着网络层数的增多，由于 BP 算法导致的梯度消失问题，网络学习能力并未得到提高。最后，模型缺乏理论基础，很难从经济理论角度解释旅游需求。

而同一时期，由 Vapnik（1995）开发的 SVM 应运而生，并迅速打败了神经网络算法，成为机器学习的主流。支持向量回归（Support Vector Regression，SVR）也是一种机器学习方法，它实质上是 SVM 的回归算法。作为基于统计学习理论的机器学习技术，SVR 模型很快在若干方面体现出了对比神经网络的优势，比如高效、易获得全局最优解、具有良好的泛化能力、有较为完善的理论基础、在小样本非线性数据的情形下具有良好的预测能力（Vapnik, 1995），因此，SVR一度成为机器学习对时序数据进行预测的流行方法。SVR算法在旅游需求预测领域的应用在近些年才出现，例如，Pai 等（2005）根据已有研究的缺陷，提出了多因素的 SVR 算法并将其应用于旅游需求预测，研究结果表明，与 BPNN 基准模型相比，所提出的预测方法表现出更为优异的预测性能。不过，利用 SVR 进行预测具有一定的挑战性，因为模型中的三个超参数需要被优化才能得到相对满意的预测性能，但目前没有哪一种优化方法能够使得模型的预测性能在所有预测实验中有完美的表现。因此，已有文献对 SVR 的研究主要集中于对模型超参数优化方面，通过开发不同类型的参数优化方法并构造混合预测模型进行旅游需求预测（Hong, 2011；Chen, 2014；Gu et al. , 2015；Zhang et al. , 2017；张斌儒等，2018）。另外，也有文献将 SVR 与一些线性模型进行组合对旅游需求进行预测，以期改善模型的预测性能（Chen, 2011）。通过已有研究发现：首先，混合模型的预测结果均优于 SVR 等基准模型和其他预测技术，但缺乏固定的方法优化模型的三个超参数，这在训练具体的 SVR 模型时显得较为复杂；其次，SVR 适用于小样本学习，很难满足日益增长的大数据，并且该模型无法自动提取数据特征；最后，SVR 本质上是求解一个带约束的二次优化问题并提供全局最优解，使得模型训练较为复杂，这在高维度大样本数据条件下表现得更为突出。

Hinton 等（2006）首次提出"深度信念网络"（Deep Belief Networks, DBN）概念使得 ANN 以深度学习的方式重新获得广泛关注，进而成为人工智能的新宠（Bengio, 2009）。对深度学习的研究主要集中于不同的网络结构方面，比如自编码器（AutoEncoders, AE）、DBN、递归神经网络（Recurrent Neural Networks, RNN）以及深度神经网络（Deep Neural Networks, DNN）等模型，并将它们用于数据编码、信息提取和时序预测等任务（Deng and Yu, 2014）。比如，在图像识别（Krizhevsky et al. , 2012）、语音识别（Hinton et al. , 2012）、自然语言处理（Sutskever et al. , 2014）、金融（Heaton et al. , 2016）以及能源（Tao et al. , 2014）等领域都有广泛的应用。

在各种深度学习模型中，RNN 模型在以序列为输入进行预测方面有着优异的表现。尽管如此，传统的 RNN 模型无法学习和存储长期记忆信息，梯度消失问题阻碍了其发展和应用。为了解决时间上的梯度消失，在 RNN 的基础上发展出了长短时记忆（Long Short-Term Memory，LSTM）网络。LSTM 利用附加的记忆流（Memory Cells）把记忆信息从序列的初始位置传递到序列末端，通过门控单元的开关实现时间上的长期记忆功能并防止梯度消失（Hochreiterand Schmidhuber，1997）。因此，相较于 DNN、DBN 以及 RNN 等深度学习方法，LSTM 在以序列为输入的预测方面展现出独特优势（Hochreiter and Schmidhuber，1997；Aggarwal and Aggarwal，2017）。例如，Aggarwal 和 Aggarwal（2017）利用 LSTM 以及自编码等模型对证券投资组合的信用风险进行了分析，结果表明，所建立方法对金融市场的投资决策极其有用。Heaton 等（2016）采用时序中常用的 LSTM 模型对股票价格进行了预测，结果表明，与其他基准模型相比，该方法能显著提高模型预测能力。近两年，深度学习方法在旅游领域也有所应用。例如，Chang 和 Tsai（2017）基于 68 个与客流量相关的统计变量并利用 DNN 模型对到中国台湾的入境客流量进行了预测，结果表明，与 SVR 以及 ANN 浅层学习方法相比，深度学习方法能有效提高预测能力。Law 等（2019）采用深度学习的方法对中国澳门月度游客流量进行了预测，实证结果表明，深度学习方法明显优于支持向量回归和人工神经网络模型。其他研究利用网络大数据等数据源并构建 LSTM 等深度学习模型对景区客流量以及酒店需求进行预测研究，证实了深度学习技术能有效对高维复杂时序数据进行建模。例如，Zheng 等（2021）开发了一种改进的基于人工智能的模型，即面向时间序列的 LSTM 与注意机制的关联模型。该模型弥补了以往模型未能考虑序列之间空间相关性的不足。通过对北京 77 个景点的预测，验证了模型的有效性。结果表明，构建的模型预测精度明显优于基准模型。Zhang 等（2020）以九寨沟风景区为案例，利用百度搜索指数并构建 LSTM 模型对九寨沟日度客流量进行了预测，实证分析发现，构建的 LSTM 模型对时序数据具有很强的预测能力。

四、其他旅游需求预测技术

从广义角度讲，AI 模型还包括粗糙集方法、模糊时间序列等预测模型（Song and Li，2008）。粗糙集理论是波兰科学家 Pawlak 在 20 世纪末期提出的一种数据分析和数据处理理论。由于语言等方面的障碍，该理论在创立之初并没有得到广泛的应用，只有东欧国家的少数学者从事相关研究，后来国际上数学界和计算机界对该理论日益重视并进行了发展。早在 1991 年，Pawlak 的专著《粗糙集——关于数据推理的理论》（*Rough Set：Theoretical Aspects of Reasoning about Date*）问世，相关研究步入一个新的阶段，1995 年，粗糙集理论成为新兴的计算机科学的研究课题。该理论通过结合经典集理论（Au and Law，2000），在处理不精确、不确定或不完整知识（数据）的分类分析方面有很大优势。粗糙集方法本质上为一种决策规则归纳方法，主要针对数值型变量和非数值型变量之间的关系进行建模。与经典的回归模型不同，该预测方法更关注人口特征等类别变量，并依据变量之间的建模关系对每个人口类别的旅游需求水平进行预测，比如旅游花费以及旅游购物等。因此，它被视为从微观角度分析旅游需求的经济计量模型的有用补充工具。该方法在旅游需求预测中应用不多，例如，Goh 等（2008）将休闲时间指数和气候指数这两个非经济变量纳入传统回归模型框架，并应用粗糙集方法进行预测。他们的研究结果表明，具有非经济变量的粗糙集方法在预测英国和美国到中国香港的游客流量时优于具有相同数据集的回归模型。

模糊时间序列法和灰色模型等 AI 方法在旅游需求预测中也有所应用。一方面，该方法在过去观测值有限的短时间序列预测方面具有一定的优势。另一方面，灰色理论关注信息的部分确定和部分不确定性现象并进行数学建模。例如，Wang（2004）利用模糊时间序列模型、灰色模型和马尔可夫修正灰色模型三种预测方法，仅利用 12 年的年度数据对中国香港、德国和美国到中国台湾的入境游客量进行了建模和预测。结果表明，预测结果的优劣依赖于具体的客源国。Yu 和 Schwartz（2006）检验了模糊时间序列和灰色模型预测美国年度游客流量的预测精度。他们将两种 AI 模型的性能与双移动平均法和双指数平滑法两种简单方法进行了比较。研究表明，与最近的研究结论相反，复杂的模型未必比简单的传统模型能产生更准确的预测。从已有研究可以看出，模糊时间序列模型预测性能的一致性有待进一步研究。

第二节　基于网络搜索数据的社会经济活动预测

本节主要梳理网络搜索数据应用于社会经济活动预测的研究起源、基于网络搜索数据的宏观经济预测以及基于网络搜索数据的行业市场预测，探究网络搜索数据应用于社会经济活动预测的合理性和有效性。

一、网络搜索数据应用于预测的研究起源

近年来，随着互联网的全面普及以及信息技术的全面发展，网络数据正在以惊人的速度积累。网络大数据资源主要包括社交媒体数据和网络搜索引擎数据，它们一般都是开源的。其中，社交媒体数据具有多样化特征，主要包括文本大数据、图片大数据、音乐以及视频资源等。这类数据需要通过文本挖掘以及爬虫等方法获得，并且往往需要转化为结构化的数据，以便进行进一步的分析，获取成本高，数据处理十分复杂，给应用带来了很多挑战。网络搜索引擎数据是以搜索引擎为基础的网络搜索数据。这类数据获取成本低、时效性强、无须结构化处理、能够表征消费者潜在的需求和意愿。因此，该类数据被大量应用于各类社会经济活动预测（袁恒，2016；Zhang et al.，2021）。

疾病监测领域最早利用搜索引擎数据进行预测研究。例如，流感的暴发与季节性相关，而谷歌等网络搜索数据能够很好地探测到其发展趋势。Johnson 等（2004）利用医学类的相关网站的信息访问频次和流感发病的人数来模拟两者之间的关系，研究结果表明，观测到的流感实际发病数与对应的信息搜索和网站访问频次之间存在很强的关联性。Ginsberg 等（2009）正式利用谷歌搜索引擎与流

感相关的关键词搜索量来分析流感发病率的规律，研究结果表明，两者之间有很强的相关性，且基于网络搜索数据的预测结果比疾病防控部门要早，大约能提前2周预测到流感的暴发，并且该方法能够对不同区域的流感进行监测。Carneiro和 Mylonakis（2009）提出，利用谷歌趋势数据建立疾病监测系统并证实其有效性。后来，Seifter 等（2010）通过研究某种具体关键词与具体的传染病之间关系发现，互联网信息搜索与疾病的发病率之间呈现很强的线性相关关系。Araz 等（2014）也做了类似的研究，他们利用谷歌搜索数据对美国的疑似流行感冒病例进行了分析，研究表明谷歌搜索数据能够很好地对流行感冒病例进行预测。由于有些疾病的隐私性极强，传统的方法很难对其进行监测或预测，而网络信息搜索为带有隐私的疾病监测提供了新的方向，因而网络搜索数据在疾病监测领域的应用越来越多。例如，癫痫病监测（Brigo，2014）、梅毒和埃博拉病毒的监测（Peng and Wang，2014）、肠胃疾病和登革热等疾病的监测（Althouse et al.，2011；Shortridge et al.，2014；Breyer et al.，2011）、癌症监测（Glynn et al.，2011）、流产率监测（Reis and Brownstein，2010）、心理健康监测（Yang et al.，2010；Song et al.，2014）、乙肝发病数（杨艳红等，2013）以及健康信息的关注（张洪武等，2011）等领域。

国内利用网络搜索关键词的相关研究也越来越多。例如，Yuan 等（2013）运用逐步回归技术，从大量信息搜索中选取了具有预测效果的关键词变量，然后利用加权求和的方法构建合成关键词指数，对我国流感的发病病例进行了预测研究，结果显示两者之间存在高度的相关性，并且预测精度较高。Min 等（2013）以我国广东省为案例，利用网络搜索关键词对流感发病的规律进行分析。研究结果表明，两者之间仍存在很强的相关性，但是这种关系在不同的国家又表现出异质性的特征。他们分析认为这可能是由于不同国家对关键词的搜索习惯不同等造成的。Xie 等（2014）利用百度搜索数据检索到与 H7N9 相关的信息搜索，并进一步探索了这些关键词搜索与该疾病的暴发特征的关系，实证分析发现，二者之间呈现出较强的相关性。李秀婷等（2013）获取到 92 个与流行性感冒相关的关键词数据，并利用主成分分析法从谷歌趋势数据中提取主成分对流感进行预测。

研究显示，所提取的关键词信息能够很好地反映流感的趋势，同时他们提出网络信息搜索数据与实际观测到的病例数据进行集成作为模型输入集才能更好地进行预测。

这些研究表明，网络搜索数据成为各种社会经济活动预测的新的数据来源，为相关研究提供了一种全新的途径。与传统预测或监测技术相比，该方法具有时效性强、数据获取成本低、预测精度高等特征，因此吸引了工业界和学术界的广泛关注，随后该类预测技术在宏观经济、金融等不同领域得到了应用，涌现出大量的研究成果（王博永、杨欣，2014）。

二、基于网络搜索数据的宏观经济预测

（一）基于网络搜索数据的消费预测

消费者网络信息搜索能客观反映宏观经济市场的变化趋势，蕴含各个市场主体的关注度。因此，在宏观经济领域利用网络搜索数据的预测集中在失业率以及消费等方面，且取得了较好的效果。就消费领域而言，大多数研究在 2008 年之后出现。例如，Vosen 和 Schmidt（2012）利用谷歌数据对消费指标进行预测研究，他们从谷歌趋势中获取与消费有关的因子并构建新的月度消费指标。研究发现，与样本调查得到的指标和其余指标相比，基于谷歌数据的消费信心指数表现得更好，实时性更强。Konstantin 等（2009）也做了类似的研究，他们对美国的个人消费行为进行了研究，结果发现基于网络信息搜索的消费者信心指数表现得更好。Vosen 和 Schmidt（2011）利用网络信息搜索数据构建了消费者信心指标并对实际消费者信心指数进行了预测，研究表明，该种方法比传统预测技术更好。Guzman 等（2011）利用谷歌搜索关键词对通货膨胀率进行了预测，研究表明，网络搜索数据作为模型的预测变量，有助于改善预测精度，时效性更好。我国也有学者做了类似的研究。孙毅等（2014）获取网络搜索数据并利用主成分分析法构建搜索指数，进而构建消费者信心指数，研究表明，基于网络搜索数据的搜索指数具有更好的预测性能，对短期的波动拟合效果更好。张崇等（2012）以均衡价格理论为基础，以商品市场为视角，构建了理论框架，并分析了网络搜索

数据与 CPI 之间的关联性，研究发现两者之间存在相关性。

（二）基于网络搜索数据集的失业率预测

当劳动者失业或要寻求合适的工作岗位时，他们会通过网络进行信息搜索，进而做出决策。因此，网络搜索数据在失业率预测方面也有所应用。例如，Askitas 等（2009）通过实证分析发现，互联网信息搜索与德国的失业率之间存在一定的关联性，将该类数据作为模型的输入集有助于改善失业率预测性能，时效性更强。D'Amuri 和 Marcucci（2009）利用网络搜索数据对美国失业率进行预测，他们比较了大量模型的预测结果，结论是基于网络搜索数据的预测模型的预测精度要优于传统预测方法，且时效性和稳健性更好。Choi 等（2012）利用网络搜索数据对社会失业率进行了分析，研究发现网络搜索数据的引入有助于改善模型的预测能力。Wei 等（2013）和 Barreira 等（2013）也利用网络搜索数据做了类似的研究，结果表明网络搜索数据有助于失业率预测。

三、基于网络搜索数据的行业市场预测

（一）基于网络搜索数据的股票市场预测

网络搜索数据在金融、影视、房地产、零售等行业也有大量的应用。就金融领域而言，Zhi 等（2011）以及 Zhi 等（2015）通过获取网络搜索数据构建股票市场的投资者关注度代理变量，研究表明网络搜索指数与股价的波动之间存在一定的关联，他们还发现，随着关键词搜索频次的增加，交易量有增加的趋势。Kristoufek 等（2013）通过研究发现，利用网络搜索数据并构建模型可以对股票市场的波动进行预测，进而制定投资策略，有利于股市风险的降低。

我国也有学者利用搜索数据对股票市场进行研究。宋双杰等（2011）采用谷歌搜索数据并构建异常搜索指数，进而对我国的股票市场 IPO 的抑价现象进行了分析，实证结果发现，IPO 前个股的网络关注度对于市场的热销度、首日的差额收益以及长期的表现具有较强的预测效果。孙文存（2012）针对传统预测变量对股票影响的不确定性等现象，利用网络搜索数据并构建误差修正等模型对我国股票市场波动情况进行了研究，得到了类似的结论。刘颖等（2011）获取谷歌趋势数据并研究其与股票市场之间的关联性，进一步利用网络搜索数据对股票市场进行预测，结果发现两者之间呈现相关性，且网络搜索数据对股票年收益率具有良好的预测效果。李元（2014）利用百度搜索数据对我国的股票市场进行分析，运用沪深300指数相关数据和百度搜索指数进行研究，结果发现网络搜索数据与股票具有关联性，同时，股票市场能影响网络信息搜索，但信息搜索对股票市场的影响程度更大，进而发现网络搜索数据对股市具有较好的预测能力，能很好地对股票市场进行解释。

（二）基于网络搜索数据的影视市场预测

随着经济的快速发展，人们的精神追求不断升级，电影业已成为文化业中不可缺少的部分，我国电影业进入了快速发展的黄金期，一跃成为全球第二大票房市场。对票房的研究主要集中在票房预测以及电影票房的影响因素两个方面，其中，电影票房的预测对于营销、管理决策、投资和风险管理等都具有重要的意义。利用网络搜索数据对票房进行预测一直受到广泛的关注。例如，Okazak 等（2016）通过研究发现，利用谷歌趋势数据对票房进行预测能改善模型的预测性能。Kulkarni 等（2012）构建了电影发行前的网络搜索模型，进而将电影发行前消费者的搜索行为及其他信息与电影早期票房关联起来，结果发现发行前的网络搜索数据能改善预测能力并提供了额外的解释能力，他们认为这是由于网络信息搜索能够捕捉到早期票房的其他影响因素。Miao（2015）利用前一周消费者对电影名的信息搜索与电影的相关数据构建计量模型，对后一周的票房收入进行了预测，研究发现，网络信息搜索对电影的票房有显著的正向影响，但随着时间的推移，这种影响程度在逐步减弱。Goel 等（2010）、Okazaki（2016）以及 Hand 和 Judge（2012）也进行了类似的研究，并得到了一致的结论。

国内也有学者进行了相关的研究。王炼、贾建民（2014）通过对比网络搜索指数与电影票房之间的波动趋势，发现两者之间存在明显的相关关系。曲玲（2019）在已有研究的基础之上，利用消费者网络信息搜索行为和网络社交行为产生的数据，对电影首映票房的影响进行了研究。吴珏、潘徐（2021）利用互联网用户产生的内容消费数据对电影票房进行了研究，结果发现社交平台咨询阅读情况与电影票房直接存在明显的相关性。刘佳霖等（2012）利用百度数据对我国电影票房进行了分析。他们收集 2010～2011 年上映的一部分电影的数据和百度关注度数据对两者之间的相关性进行研究，结果发现，从总体上和单个电影上，百度用户关注度与电影的票房之间存在明显的相关性。

（三）基于网络搜索数据的房地产市场预测

随着我国经济社会的快速发展，房地产行业在我国国民经济中扮演着十分重要的角色，在信息技术进步和网络全面发展的今天，网络信息搜索已经成为购房者购房决策的重要一环，不仅节约了购房者的时间和成本，而且网络提供的信息量巨大，这为基于网络信息搜索的房地产市场预测提供了良好的数据来源。Kulkarni 等（2009）研究了互联网信息查询与房地产价格指数之间的关联性，他们以美国 20 个城市为样本，通过实证研究发现，网络搜索合成指数与房地产价格指数之间存在格兰杰因果关系。Wu 等（2015）同样以美国为案例，研究谷歌趋势数据与房地产市场的销量和价格之间的关系。研究发现，网络搜索指数与房地产的实际销售量和销售价格之间具有很强的关联性，并且与传统预测方法相比，含有网络搜索数据的模型的预测精度更高。

我国也有学者进行了类似的研究，但相关研究相对较少。董倩等（2014）利用百度提供的网络搜索数据构建模型，对我国大中城市的房地产价格进行预测。实证分析发现，百度提供的百度搜索数据能很好地预测房地产价格指数，并且与官方的数据相比，预测的时效性更强。李宁（2015）分析了百度搜索数据与房地产价格之间的关系，通过构建计量经济模型，将网络搜索指数作为模型的预测变量，实证分析结果发现，ARX 模型能够很好地对房地产价格的短期波动情况进行拟合。刘敏（2018）分析了百度关键词变量与房地产价格指数的先行和滞后关系。利用机器学习的方法对房地产价格进行预测，研究表明加入网络搜索数据的模型预测效果更好。胡本田、年靖宇（2018）以安徽合肥为案例，获取百度搜索数据，并利用 LSSO 回归方法选取最终变量作为 SVR 模型的输入集，对商品住宅房价格指数进行预测。结果显示，与没有加入网络搜索数据的计量经济模型相比，加入网络搜索数据的模型的预测精度更高。

（四）基于网络搜索数据的零售市场预测

网络搜索数据在零售行业的应用集中于产品销量预测方面。Lincoln（2011）利用谷歌趋势数据对 iPhone 等电子产品的销量进行了预测研究，他们分析了消费者在谷歌等搜索趋势、电子产品销量以及销售方对广告的投入三个方面的关系，结果发现，不同电子产品的销售量与网络信息搜索之间的关系存在显著的异质性。其中，iPhone 的销售量与网络信息搜索以及广告费投入之间的关系较为显著，但是 iPad 与信息搜索和广告费投入之间的关系并不显著。Choi 等（2012）利用谷歌趋势数据对福特、丰田以及雪佛兰等乘用车的销量进行预测，对搜索数据与汽车销量之间的关系进行了分析，研究表明两者之间存在很强的关联性，并且引入网络搜索数据的预测模型的预测性能更好。Sharad 等（2010）利用雅虎搜索引擎上的搜索数据，对视频游戏以及网络单曲的销售量进行预测，结果显示包含网络搜索关键词的模型的预测误差更小。袁庆玉等（2011）利用网络搜索关键词变量对汽车销量进行预测，他们运用综合赋权的方法提取关键词变量的特征信息，并对不同价格区间的汽车销量进行拟合，分析发现，与传统预测方法相比，引入网络搜索数据的模型预测效果较好，但对高价格区间的汽车销量预测效果相对较差。

另外，网络搜索数据在网络舆情、自杀率等预测领域也有所应用（王炼，2014；袁恒，2016），受篇幅所限，这里不再详述，接下来重点梳理网络搜索数据等数据源在旅游需求预测中的应用。

第三节　基于各类数据源的旅游需求预测

一、基于网络搜索数据的旅游需求预测

网络信息搜索成为游客决策制定的重要依据（Fesenmaier et al.，2009），搜

索数据反映了游客潜在的旅游需求。相对统计数据而言，该类数据发布及时、易获取，对游客的行为敏感，已有大量研究基于搜索引擎数据对社会经济活动进行预测研究（Li et al.，2017）。

在旅游与酒店领域，研究者主要使用谷歌和百度两类搜索引擎数据对景区接待游客流量、旅游收入以及酒店入住率等旅游需求进行预测，实证结果表明搜索引擎数据的加入能提高模型预测精度（Zhang et al.，2020；Li et al.，2021）。

由于百度是全球最大的中文搜索引擎，因而百度提供的百度指数主要应用于预测国内旅游目的地接待游客流量以及国内到其他国家的客流量等旅游需求。例如，张斌儒等（2015）利用网络搜索数据对旅游收入进行了预测，他们将关键词变量构建为合成搜索指数并进行了协整检验以及格兰杰因果分析，实证分析结果表明网络搜索数据的加入改善了旅游收入的预测精度。Li 等（2017）收集百度关键词变量并利用广义动态因子模型构建合成指数，对中国游客流量进行预测研究，结果发现加入网络搜索数据的模型的预测性能比基准模型表现得更好。Li 等（2018）以北京和海南为案例，获取百度搜索数据，利用主成分分析法对关键词变量进行降维，并将降维后的综合指数代入 BPNN 模型进行预测，研究发现，与基准模型相比，构建的预测方法能有效改善模型预测性能。Sun 等（2019）构建了单隐藏层人工神经网络模型并利用谷歌和百度综合搜索指数分别对中国北京的游客流量进行了预测。Zhang 等（2020）引入 LSTM 深度学习方法处理旅游需求中的复杂时序预测问题。为证实所提出方法的有效性，以中国九寨沟风景区为应用案例，选取九寨沟日度游客流量数据以及对应的网络搜索数据作为实验数据集进行实证分析。预测结果显示，与基准模型相比，LSTM 模型在训练集和检验集上的统计性能指标得分表现最好。Yang 等（2015）将关键词变量利用加权求和的方式转化为一个合成指标，验证了网络搜索综合指数与中国海南游客流量之间的协整关系，并利用 ARMA 模型对中国游客流量成功进行了预测。Zhang 等（2017）以海南为案例，获取百度搜索数据，并利用皮尔森交叉相关法选择关键词变量代入 SVR 模型，利用蝙蝠算法对 SVR 的三个超参数进行优化，12 个月的预测结果发现，所构建预测技术能改善模型预测性能。

百度搜索数据在酒店需求预测方面也有应用。张斌儒等（2018）以北京为案例，获取百度搜索数据，并利用皮尔森交叉相关分析选取具有预测能力的关键词变量，构建 SVR 模型对星级酒店平均入住率进行预测，利用蝙蝠算法优化参数，预测结果表明，网络搜索数据的加入可以改善模型预测精度，证实了网络搜索数据在酒店需求预测中的有效性。Tang（2018）利用百度搜索数据，预测了到泰国的中国游客流量，研究发现百度搜索数据的引入有利于预测中国出境游客流量。Zhang 等（2019）以海南为案例，获取百度搜索关键词并选择具有预测能力的关键词变量，构建 LSTM 模型对酒店接待过夜人数进行预测，研究结果发现，构建的预测方法能有效拟合酒店需求的动态特征，与基准模型相比，加入网络搜索数据的模型改善了预测精度。

谷歌搜索数据的应用集中于国际旅游需求预测。Choi 和 Varian（2012）通过获取谷歌关键词数据，对到中国香港的不同国家的游客流量进行了预测研究，他们将网络搜索数据加入 AR 模型，结果发现集成网络搜索数据的模型具有更好的预测能力。Law 等（2019）以中国澳门为案例，获取谷歌搜索数据并构建深度学习模型，对中国澳门月度客流量进行预测，实证分析结果表明，与 SVR 和 ANN 等基准模型相比，网络搜索数据的加入改善了深度学习方法的预测性能。Park 等（2017）利用谷歌趋势数据对到韩国的日本游客流量进行预测，实证分析发现，加入谷歌趋势数据的预测模型比时间序列模型具有更强的短期预测能力。Rivera（2016）通过使用谷歌搜索查询量数据预测波多黎各酒店非居民注册数量。研究表明，使用构建的模型在 6 个月以上的时间范围内显示出比竞争模型更好的预测性能，但在更短的时间范围内则没有这种优势。在酒店需求方面，Pan 等（2012）利用周度谷歌趋势数据并构建带有外生变量的 ARMA 模型，对美国东南部的城市查尔斯顿月度酒店需求进行了预测。在实证分析中，直接将 5 个关键词变量代入模型进行预测，结果暗示谷歌数据的加入能改善模型的预测能力。

考虑到网络关键词变量的高维度和稀疏性特征，已有研究主要利用三种方式将网络搜索数据整合到预测模型中。一是利用统计的方法筛选具有预测能力的变量后，直接将关键词变量代入模型。例如，Choi 和 Varian（2012）尝试将谷歌趋势数据应用于旅游需求预测，他们直接将关键词变量代入计量经济模型对到中国香港的美国、英国、加拿大、法国、澳大利亚、日本以及印度等国家的月度客流量进行预测。Zhang 等（2017）以海南为案例，从百度获取与海南相关的关键词变量，利用皮尔森相关分析筛选出变量后代入 SVR 模型，对月度客流量进行预测。二是利用简单加权求和或直接求和等方式将多个关键词变量聚合成综合指标。例如，Yang 等（2015）分别获取百度和谷歌搜索数据，然后利用加权求和的方式将关键词变量转化为搜索指数，并构建计量经济模型对客流量进行预测。张斌儒等（2017）获取百度关键词变量，并利用加权求和的方式构建合成指数，构建计量经济模型对海南月度旅游收入进行预测。三是利用因子分析或主成分分析法抽取综合指标（Li et al.，2015）。

就预测模型而言，主要包括传统的线性预测模型、支持向量回归模型以及深度学习方法。基于线性模型的预测结果表明，网络搜索类型的数据能提高模型预测精度（Choi and Varian，2012；Pan et al.，2012；Yang et al.，2014，2015；Li et al.，2017；Wei et al.，2018）。考虑到旅游需求的复杂非线性特征，Zhang 等（2017，2018）和 Sun 等（2019）将网络搜索数据引入到 SVM 等非线性预测模型并对旅游需求进行了预测，研究结果表明，所构建方法能有效拟合客流量的动态特征，提高了模型的预测性能，但这些浅层学习技术很难再适应不断增加的训练数据。近两年来，随着旅游大数据在旅游需求预测中的应用，深度学习模型日益受到重视。例如，Zhang 等（2020）以九寨沟风景区为案例，利用百度搜索数据并构建 LSTM 深度学习模型对日度客流量进行预测。Zheng 等（2021）构建了一种改进的、基于人工智能的 LSTM 模型，并且引入注意力（Attention）机制对输入序列加权，通过对我国北京 77 个景点的预测，验证了模型的有效性。结果表明，构建模型的预测精度明显优于基准模型。

为了避免通过简单的加权求和将混合频率数据转换为相同频率数据而造成的信息损失，已有相关研究通过构建 MIDAS 回归模型直接对混频数据进行建模并预测，保证了建模的简约性和灵活性，并且改善了模型预测精度（Ghysels et al.，2004）。例如，Zhang 等（2021）利用百度搜索数据对海南三亚酒店入住率进行预测研究。获取日度网络搜索数据,考虑到网络关键词变量与酒店入住率数据频率的不一致,构建 MIDAS 回归模型直接对混频数据进行建模并预测,结果显示该方法改善了预测精度。Bangwayo-Skeete 和 Skeete(2015)直接将高频谷歌趋势数据引入 MIDAS 模型预测加勒比海五个旅游目的地的月度游客流量。Qin 和 Liu(2019)在多变量 MIDAS 方法中使用周度关键词变量来预测我国的游客流量。Wen 等(2020)提出了一种改进的 MIDAS 方法,利用搜索指数对到中国香港的中国内地游客流量进行预测。结果表明,MIDAS 的引入可以提高模型的预测精度。Havranek 和 Zeynalov(2019)检验了谷歌趋势数据在预测捷克共和国的首都布拉格月度旅游需求方面的有用性。首先,他们分析了加入谷歌趋势数据的预测模型是否比没有搜索数据的模型提供了更显著的预测改进;其次,评估了使用月度谷歌趋势数据的模型的预测能力;最后,针对周度网络搜索高频变量和低频月度旅游需求变量,他们构建了 MIDAS 模型直接对混合频率数据进行建模。实证分析结果发现,谷歌趋势数据信息在游客到达前两个月和一周左右都有助于实际游客流量的预测。就预测精度而言,使用周度谷歌趋势数据的 MIDAS 模型优于使用月度谷歌趋势数据的模型和没有使用谷歌趋势数据的模型。Volchek 等(2019)探讨了如何在微观层面上提高旅游需求预测的准确性。他们对伦敦五家博物馆的参观人数进行了预测,并比较了 Naïve I、季节 Naïve、SARIMA、SARMAX-MIDAS 和人工神经网络等模型的预测能力。实证结果表明,在所有情况下,没有一种预测模型优于其他模型。不同模型的预测精度因短期和长期需求预测而异。同时他们认为应用更高频率的搜索查询数据对周度客流量进行预测,对于景点和目的地级别的规划至关重要。Wen 等(2019)针对传统预测技术的不足,提出了一种新的混合模型对中国内地到中国香港的游客流量进行预测,该组合模型综合了对数据的线性和非线性特征的拟合能力。实证分析表明,与基准模型相比,采用混合模型具有更好的预测能力。

二、基于社交媒体数据的旅游需求预测

随着信息技术的进步和人工智能的发展,社交媒体通过论坛、微信、微博、社交网络以及一些照片和视频分享网站为游客提供了丰富的分享渠道，从而产生了大量社交媒体数据（Leung et al.，2013）。与搜索引擎数据相比，这些由用户生成的社交媒体数据具有非结构化的特征。近几年，社交媒体数据已被学界广泛研究，在旅游与酒店领域也有所应用（Li et al.，2021）。例如，在线评论数据如何影响游客行为和旅游酒店的绩效（Zhang et al.，2016；Ye et al.，2009）。Bigné 等（2019）使用了一个从推文中提取重要信息的文本挖掘方法，他们旨在分析目的地营销组织（Destination Marketing Organization，DMO）网站的 Twitter活动如何影响酒店入住率预测，根据内容并利用文本挖掘将推文分为不同类别。调查结果确定了五个可以预测目的地酒店入住率的影响因素，其中包括用户转发数、用户回复数、与事件相关的推文、与旅游景点相关的推文等；研究同时表明，与搜索引擎和网络流量数据相比，研究人员应该利用文本挖掘等方法从社交媒体数据中抽取有用的结构化数据。Chang 等（2018）使用 Twitter 上的社交媒体数据，并将其与 Yelp 的数据相结合，以提高酒店推荐绩效。研究发现，Twitter和 Yelp 上的早期帖子可以衡量游客的发帖行为。Afzaa 等（2018）提出了一种基于新的情感分类方法用于识别社交媒体平台的旅游评论，该方法可以改善预测的准确性。也有学者对评论数据结构化进行旅游需求预测研究，例如，Li 等（2020）在百度搜索数据的基础上，利用携程和去哪儿两个在线评论平台的互联网评论大数据，对我国四姑娘山的游客数量进行了预测。实证研究结果表明，在线评论平台的评论数据的加入可以改善旅游需求预测性能。

三、基于其他数据源的旅游需求预测

除网络搜索数据和社交媒体数据外，诸如气象数据、网站流量数据等其他与旅游相关的数据源也被应用于旅游需求预测。

天气是旅游业的一个重要影响因素（Becken，2013；Martín，2005），是出行的必要条件，也是吸引游客的关键因素（Pan and Yang，2017）。天气要素具有易获取、实时性强、高频率等特征，在旅游中发挥着十分重要的作用。旅游目的地温度、风速、相对湿度等气象因素往往影响游客的出游决策，进而影响景区游客

流量（隋盎、邵彤，2007；陈荣，2014）。但我国已有研究集中探索气象要素或人体舒适度指数与旅游需求之间的相关性（孙根年、马丽君，2007；张明洁等，2013），研究显示气象因素或人体舒适度指数与客流量之间具有显著的相关性。例如，吴普、葛全胜（2009）以海南为案例，收集历史气候资料及旅游统计资料，构建气候舒适度指数，利用回归分析和相关分析等方法进行研究，分析发现海南气候舒适度指数与客流量之间有较强的相关性。国外学者通过进一步的研究表明，天气和游客量之间存在一定的相关性，天气数据可用于游客量预测（Falk，2013，2014；Meyer and Dewar，1999；Otero Giráldez et al.，2012）。然而，迄今为止，利用天气数据进行旅游预测的研究相对较少，可以找到的直接与这一问题相关的文献寥寥无几（Álvarez-Díaz and Rosselló-Nadal，2010；Pan and Yang，2017）。例如，Jwb 等（2020）提出了一种基于 LSTM 网络的旅游景点游客流量预测新方法，该方法在搜索引擎数据的基础上加入了气象数据，并对九寨沟和黄山两个风景区的日度客流量进行预测，通过这两个案例验证气象数据在旅游需求预测中的有效性。

作为另一类在线网络数据，网络流量数据通常表示网站的原始访问量，这类数据源表达了游客的潜在兴趣和关注，可以将其作为预测变量进行旅游需求预测（Yang et al.，2014）。Yang 等（2014）指出，网站访问是网民通过搜索引擎进行信息搜索的后续步骤，此类数据比搜索引擎数据具有更强的预测能力。当游客计划度假时，他们通常使用谷歌和百度等搜索引擎查询旅游相关信息，然后在首页就可以找到 DMO 的相关搜索结果（Gunter and Onder，2016）。因此，DMO 的网络流量数据具有改善模型预测精度的潜力。例如，Yang 等（2014）采用旅游目的地官方营销网站的网络流量数据对目的地的酒店需求进行预测，研究发现，与 ARMA 模型相比，加入网络流量数据的 ARMAX 模型能显著降低预测误差率，进而证明了网站流量数据在预测目的地酒店客房需求方面的重要价值；他们还认为该类数据甚至可能预测当地企业未来的收入和业绩。Pan 等（2012）进行了类似的研究，验证了网络流量数据的加入可以改进模型预测精度。随着竞争的加剧，酒店经理迫切需要准确的短期预测，Pan 和 Yang（2017）构建了一个准确的目的地周度酒店入住率预测模型，他们在搜索引擎数据的基础上引入网站流量数据进行分析。研究结果表明，引入网站流量数据的 ARMAX 模型在预测精度方面具有一定的优势。Emili 等（2021）基于网站流量等数据源对月度旅游需求进行了预测研究，得到了类似的结论。

四、多数据源融合下的旅游需求预测

为克服单一数据源易出现预测结果不稳定性的不足，近年出现了基于多数据源的旅游需求预测研究，额外数据源的加入能改善模型预测精度（Pan and Yang，2017）。由于不同来源的搜索引擎数据代表各个不同市场的旅游行为，Sun 等（2019）建议综合来自百度和谷歌指数的数据，以显著改善模型的预测精度。Yang 等（2015）认为，相对谷歌数据源而言，百度数据更能精确地预测我国的旅游需求，因为在我国百度搜索引擎的市场份额最大。同时，他们还认为，对于主要使用谷歌搜索引擎的国家而言，可以使用谷歌搜索数据有效地对这些国家的旅游需求进行预测。Pan 和 Yang（2017）结合谷歌搜索和网络流量数据预测目的地的酒店入住率，并证明了不同数据源的组合可以减少预测误差并提高预测精度。

事实上，搜索引擎数据还可以与其他来源的数据相结合，包括结构化和半结构化的旅游相关数据，天气、代表节假日等信息的日历数据均属于半结构化的数据（Liu et al.，2018）。Liu 等（2018）将百度搜索引擎数据和气候数据源等结合起来，对景区游客流量进行预测，然而，他们发现并非加入所有数据源的变量都能显著提高模型预测精度。Emili 等（2019）对气象指标和网络流量数据是否能改善旅游需求预测精度进行了预测研究。Jwb 等（2020）提出，利用多变量时间序列数据作为模型输入集进行预测，以九寨沟和黄山风景区为案例，将历史旅游量数据、搜索引擎数据和天气数据进行整合对日度旅游量进行预测。通过实证分析验证了该方法的有效性。此外，有历史数据、搜索引擎数据和天气数据的预测方法的预测能力比没有搜索引擎数据或者没有搜索引擎数据和天气数据的方法的预测精度更高，这表明搜索引擎数据和天气数据对旅游需求预测具有重要

意义。

从多个来源生成的互联网数据代表了游客行为的不同方面，这些具有互补性的数据源相结合具有改善模型预测精度的潜力。来自不同平台的社交媒体数据，包括 Twitter、微信、微博、Facebook、TripAdvisor 和 Yelp 等平台的数据源可能会从不同层面对旅游需求产生影响。Xiang 等（2017）利用文本分析方法，通过对 TripAdvisor、Expedia 和 Yelp 三大在线评论平台的评论进行对比分析，进而探索与纽约曼哈顿酒店群的在线评论相关的信息质量。研究结果表明，各个酒店在这些平台上的评论信息存在巨大差异。特别是在线评论在语言特征、语义特征、情感、评级、有用性以及这些特征之间的关系方面存在很大差异性。Colladon 等（2019）研究了 TripAdvisor 的社交媒体数据与谷歌趋势数据在预测旅游需求方面的表现。他们根据用英语撰写的帖子收集了几个语义变量，并构建了反映在线社区社交网络的指标。实证研究结果表明，语言复杂性和社会网络相关的指标的加入可以改善模型对国际机场客流量的预测能力。Li 等（2020）以我国四姑娘山风景区为例，通过合并网络评论数据和搜索引擎数据对周度客流量进行预测。实证研究结果表明，搜索引擎和在线评论平台的互联网大数据的加入可以显著提高模型预测性能，而且合并两类数据源比单一数据源的预测精度更高。

第四节 旅游预警研究现状

欧洲早在 19 世纪末期就产生了经济预警的基本思想，在 20 世纪初期的美国得到了初步的发展，并在第二次世界大战后得到了迅速的发展。经济预警是针对现实经济运行中出现的季节性、周期性等循环波动的经济现象进行的描述和预测，从而为政策制定和决策提供必要的信息支撑，在宏观经济调控方面起着十分重要的作用。在宏观经济领域，宏观经济的监测预警系统是以相关经济理论作为指导，以景气分析的基本思想作为基础，利用各种经济指标通过数学和统计等方法构建的各种不同的景气指数以及预测模型，以此对某个国家或地区的宏观经济情况开展监测和预警（戴斌等，2013）。而我国对宏观经济预警体系的研究始于20世纪90年代，为旅游经济监测与预警研究提供了很好的借鉴作用。

　　旅游预警则是在旅游警情发生之前通过各种手段对其进行监测和警示，同时对未来的趋势进行预测和监测。准确的旅游预警对旅游相关管理部门、游客、景区都有着十分重要的意义，能进一步防范不同危机事件的发生，尽量避免各种风险的出现（李九全等，2003；Meis，2016）。传统的旅游经济预警研究集中在旅游经济预警理论方面（戴斌等，2013），主要利用宏观经济和行业等统计数据进行预测及预警研究。目前比较常见的旅游预警方法包括预警信号灯系统法、景气指数方法、综合指数法和人工智能等方法（Stock and Watson，2003）。

　　在理论研究方面，关于旅游饭店行业、旅行社行业和旅游景区方面的景气研究相对较少。Choi等（1999）利用旅游饭店的收入对美国饭店业的景气循环进行了研究。他们分别运用增长率循环方法和绝对值循环方法进行实证分析，研究结果显示，美国的饭店业在28年间存在3个景气循环周期，同时发现，与一般的商业景气循环的波峰和波谷相比，饭店业的景气循环转折点来得更早，进而说明了旅游饭店业对经济周期的变化更为敏感。秦炳旺（2009）初步构建了我国经济型酒店行业等景气指数编制框架和步骤，并利用酒店发布的景区指标进行实证分析。张斌（2010）根据已有理论，选择了29个统计指标，构建了基于BP算法的旅游饭店行业预警系统，并进行了实证分析。倪晓宁、戴斌（2007）通过收集1985~2005年的统计数据并利用合成指数方法，对我国旅游市场的景气指数进行了估算。在旅游危机预警方面，随着消费者旅游需求的提升，旅游危机安全事件日益受到学界的广泛关注，并产生了大量的有关旅游安全和旅游危机预警的成果（任学慧、王月，2005；李树明、温秀，2009）。近几年，有学者基于互联网海量搜索数据对旅游需求拐点进行识别，进而进行旅游预警研究。比如，任武军、李新（2016）在已有研究的基础上，利用多数据源进行旅游预警系统构建，他们利用多维度的指标构建预警体系，这些指标包括区域经济数据、互联网搜索数据等。李新、汪寿阳（2020）也进行了相应的研究，他们以北京怀柔为案例，分析了区域经济数据、移动通信数据、网络搜索数据和社交媒体数据等互联网海量数据在旅游预警中应用的途径。考察了不同来源、不同频率、不同特征的互联网海量搜索数据在安全预警中的有效性，为基于大数据的旅游安全预警系统的构建提供了指导性的作用。

第五节　文献评述

综上所述，已有研究表明，没有哪一种预测技术在所有环境下具有最佳预测能力，与具体旅游市场所处的宏观经济环境、各种影响因素以及各种突发事件等都有很大关系。因此，旅游相关研究一直致力于改善模型预测性能和预测的时效性。预测模型从最初的线性预测技术发展到对复杂非线性数据具有良好预测能力的非线性预测技术，线性预测技术包括时间序列模型和计量经济学模型，非线性预测方法包括浅层学习和深度学习等人工智能技术。模型使用的输入集包括最初的旅游需求时间序列本身、旅游需求的影响因素、搜索引擎数据、网站流量数据、气象数据、网络评论数据等。

传统的时间序列模型相对简单，并且在旅游需求时间序列满足平稳性等条件的情况下能表现出优异的预测能力。然而，旅游业是一个十分脆弱的行业，容易受各种不确定因素的影响以及各种突发事件的冲击，旅游需求时序数据很难再满足平稳性要求，经济结构容易发生突变，因而传统的时间序列模型预测性能受到严重挑战。时间序列模型仅仅利用旅游需求自身的信息进行预测，没有考虑旅游需求的影响因素。与时间序列模型不同，计量经济学模型利用旅游需求的影响因素进行建模，探索影响因素对旅游需求的影响并进行预测。另外，旅游需求的影响因素十分复杂，不同旅游目的地的影响因素不全相同，这给旅游需求预测带来了一定的挑战。

非线性预测方法可以分为浅层学习和深度学习。支持向量回归方法是一种浅层学习技术，对小样本非线性数据具有良好的预测能力，然而，该模型的三个超参数需要进行优化，主要使用的优化方法包括蝙蝠算法、遗传算法、自适应遗传算法以及网格搜索法等，但目前还没有哪一种优化方法能在所有预测任务中表现最好。人工神经网络模型也是一种浅层学习方法，在旅游需求预测领域应用较多，且具有良好的非线性预测能力，但随着旅游相关数据样本和维度的增加，这两种方法的非线性预测能力受到影响，并且容易出现局部最优解和过拟合等现象，导致预测性能下降。

随着大数据时代的到来，旅游相关数据的维度和样本越来越大，深度学习方法日益受到学界和业界的青睐。与 ANN 和 SVR 等浅层学习方法相比，深度学习方法是一种通过深度神经网络模型学习海量数据规律的方法，它实现了从低层到高层的特征抽象、让网络变得更深以及自动特征提取功能，因而在发现高维度复杂数据结构特征方面展现出独特优势。相较于传统浅层预测方法，深度学习的输入集能被扩展到可能与预测问题相关的特征变量，能更有效克服过拟合问题，并且能有效解释输入数据的复杂的非线性特征，从而提高模型预测性能。目前，旅游需求预测领域对深度学习的应用主要集中在不同的深度学习网络结构方面，针对不同的场景构建不同的深度学习网络进行预测实验。

网络搜索数据具有实时性强、获取成本低、能客观表达消费者的兴趣和关注等特征，是游客潜在旅游需求的表达，该类数据已经广泛应用于旅游需求预测，但随着研究的深入，引入具有互补性的其他数据源并结合网络搜索数据进行旅游需求预测成为一种新的趋势，已有研究主要利用气象数据以及网络评论数据等数据源。另外，也有学者针对旅游需求的时空相关性构建时空模型，对区域旅游需求进行预测。但多数据源融合下的旅游需求预测研究还相对较少，不同数据源融合下的旅游需求预测效果仍值得进一步检验。通过梳理发现，以下几个方面仍有待改进。

（1）网民进行信息搜索产生的高频率的网络搜索数据能客观反映游客潜在的旅游需求，有助于提高模型预测精度。然而，传统的预测技术只能处理同频率数据的预测问题，随着各种数据源的加入，实验数据频率不一致的现象更为常见，已有研究将混合频率数据通过加权求和的方式转化为等频率数据，一定程度上损失了高频变量的特征信息，同时也限制了模型的应用和预测的准确性。

针对这种情况，本书第五章拟以海南三亚为案例，利用百度搜索数据、交通数据以及临近区域客流量数据对海南三亚酒店入住率进行预测。考虑到各类数据与被预测变量的频率不一致，构建 MIDAS 模型，直接对混频数据进行建模，以期改善模型预测精度。

（2）随着互联网的全面发展，搜索引擎累积了海量的消费者搜索数据，已有大量文献基于这类数据进行了旅游需求预测研究，这些文献主要采用线性以及浅层非线性预测技术，一定程度上提高了模型的预测精度，但随着数据的爆炸式增长，这些传统预测方法很难适应现实的需要。

为此，第六章拟以九寨沟为案例，利用百度搜索数据、气象数据和九寨沟旅游官方网站点击率数据对九寨沟日度客流量进行预测研究。考虑到实验数据样本量较大，数据的非线性特征明显，基于 LSTM 模型构建对时序具有优秀预测能力的深度学习方法进行实证分析。

（3）已有研究主要对景区客流量、酒店入住率等旅游需求进行预测，在客流量预测的基础上构建预警指标体系对景区客流量进行安全预警的研究还十分少见，多源大数据融合下的景区客流量预警值得进一步研究。

基于此，第七章以四姑娘山风景区为案例，在证实不同数据源融合下能改善模型预测精度的前提下，利用百度指数、微信、微博、气象等数据源构建景区客流量安全预警指标体系和预警框架，在客流量预测的基础上开展景区客流量预警研究。

第三章　旅游需求相关理论

本章为理论部分，对旅游需求相关理论进行概述，主要包括旅游需求的度量、旅游需求的产生、旅游需求的影响因素、消费者的旅游决策与旅游需求的实现四个部分，为后续各章的旅游需求预测奠定理论基础。

第一节　旅游需求的度量

旅游需求指标是衡量旅游需求发展状况的尺度，研究者可以从不同的研究目的出发，对旅游需求指标进行选择和设计。从旅游目的地和游客的角度来看，可以用旅游目的地旅游人数、旅游目的地游客停留的天数、游客的消费以及游客出游率与出游频率等指标对旅游需求进行衡量。其中，旅游者消费指标主要包括游客消费总额、游客人均消费以及游客旅游消费率三项指标。从价值和数量的角度来看，旅游需求可以用景区游客流量、旅游收入、酒店入住率等指标来衡量，在旅游需求预测研究领域，游客流量是衡量旅游需求的常用指标（Song and Li，2008）。

而在国际旅游需求研究方面，旅游需求指标需要在某个旅游接待国（旅游目的地）的立场进行界定，常用的指标可以分为两类（郑勇、邹文篪，2013）。第一类指标用于对来访游客的旅游需求状况进行衡量，该类指标主要包括游客人均消费额、游客消费总额、游客停留的总天数以及游客的人均停留天数等。这类指标设计的目的是充分发现目的地旅游需求的实际发展情况，并通过对这些数据的分析发现旅游经营中存在的问题，进而提出有针对性的措施。第二类指标则是从旅游客源市场的角度进行设计的，该类指标主要包括出游率、重游率以及旅游的开支率等，其目的是通过这些指标发现客源地旅游需求的发展现状和趋势，进而有针对性地对客源市场进行营销等。

第二节　旅游需求的产生

一、消费者的旅游动机

根据旅游需求的定义，旅游需求是在某个固定的时期之内，消费者具有一定的旅游欲望，具有足够的闲暇时间，并且在各种可能的旅游产品和服务的价格下消费者有意愿并且能够购买的旅游产品的数量。因而，从旅游的主体——游客的角度来看，消费者旅游需求的产生并不是无中生有，需要满足一定的主观条件和客观条件。主观上需要消费者具有旅游动机，客观上需要消费者具有一定的闲暇时间和用于旅游消费的自由可支配收入，即支付能力。缺少旅游动机、支付能力和闲暇时间中的任意一个方面，都很难形成真正意义上的旅游需求。如果消费者拥有一定的闲暇时间以及可以自由支配的经济收入，并且身体健康状态良好，也就具备了出行旅游的客观条件。尽管如此，一个人能否成为真正意义上的旅游者，仅仅满足客观条件仍然不够，还必须满足主观条件。如果消费者主观层面缺乏外出旅行的意愿，即使客观条件满足，也很难成为现实中真正意义上的旅游者。换言之，一个人要成为真正意义上的旅游者，客观条件和主观意愿都应得到满足，而促使消费者旅游需求形成的主观因素，也就是通常意义上所说的旅游动机。

就旅游动机而言，它是我们理解的消费者出行旅游背后的驱动力量以及主观意愿（Crompton，1979）。旅游动机可以定义为激励消费者外出旅游的主观意愿和要求，是满足旅游需求的内在考虑。由于旅游是在一定的条件下发生的一种社会经济活动，既受到内心的心理活动的驱动，又受到外界因素的影响。借助较具影响力的动机理论之一的马斯洛需求层次理论很容易分析消费者的旅游动机（Jang and Cai，2002）。该理论最初是在临床心理学的基础上提出的，认为人们基本的一些需求被满足后才会进一步去追求更高层次的需求。该理论将消费者的需求分为不同的级别，从最基本的生理方面的需求逐渐上升到社交和尊重、自我实现、探索求异、冒险以及多样性等更高级别的需求。第一种是人们最基本、最初级的需求。例如，消费者在自身所处的环境长时间居住、工作和生活，难免会产生厌倦感，这时他们会暂时变换一下周围的环境，舒畅身心，对自己身体的不良状态进行调节，进而满足生理需求以及身体健康发展方面的需求（秦明，2009）。第二种是社交和尊重的需求。社交方面的需求也可以称为归属和爱的需求，消费者通过旅游这一行为，可以得到团体的接纳，享受到爱和友情，从而满足自信和尊重需求，进而获得社交需求方面的满足感（韩宏，2015）。第三种是对自我实现的需求。自我实现方面的需求是人生追求的最高目标，主要包括如何充分发挥自己的最大潜能并成为有成就的个体。从某种意义上讲，个人的发展最终将会在自我实现方面得以体现，通过超越自我进而达到充分发挥自我个性的目的（牛保明，1995）。第四种是探索求异方面的需求。游客往往具有好奇心和探索的欲望。对一些人来说，他们往往会通过登山、跳伞、滑翔以及潜水等途径来满足这种需求。但大多数人还是会通过旅游的方式发现新的目标、结交不同的人或群体以及了解异域文化来得到满足（李惠，2018）。第五种是对冒险的需求。一般而言，身体健康者都喜欢冒险，追求刺激是现在较为流行的一种休闲放松方式。冒险是一种激动人心、扣人心弦并且充满浪漫色彩的经历，但也是一种较为危险的冒险活动（彭永娟，2015）。总之，旅游是人们为了规避厌烦以及由厌烦所导致的紧张、寻求刺激的普遍方式，旅游使得人们改变了惯常的生活环境和生活节奏，使人们可以做不同的事情以满足多样化的需求，是人们满足最基本的需求之后，对更高级别多样化需求的追求和实现。

Pearce（1982）在该理论的基础上解释了游客的一些行为以及动机，他认为游客被旅游目的地所吸引可能与对自我的实现、归属、爱以及生理方面需求的满足等因素有关。因而，不同的旅游动机对消费者旅游需求的具体影响主要体现在旅游的形式、出游的时间、旅游组织的方式以及旅游目的地类型的选择等方面的差异。旅游动机的形成可能与消费者个人的心理类型、审美的背景、年龄、性别等人口统计因素有关。另外，社会历史条件、政治经济状况、生活环境以及旅游信息等客观因素也是旅游动机形成的重要的影响因素。Iso-Ahola（1982）提出了一个理论化的模型，他认为消费者旅游驱动力一方面来源于个人摆脱其所处的环境或者人际关系的一种欲望，即逃逸因子；另一方面来源于消费者个人试图通过去到一个新的环境而得到的某种心理上的回报的愿望，即追求因子。他同时认为，旅游为消费者提供了在避免一些事物的同时得到其他事物的一种渠道。

在众多旅游动机理论中，推拉理论侧重从消费者内部的推动因素和旅游目的地外部的拉动因素方面对游客的旅游动机进行分析，该理论认为，消费者的旅游动机受到推动和拉动两种因素的影响而产生，推动因素指的是消费者自身对休闲、放松、探险等方面的一些愿望。拉动因素考虑了旅游目的地对消费者所产生的吸引力（Gnoth，1997；Uysal and Jurowski，1994）。谢彦君（2004）认为，诱发消费者旅游行为的内在驱动力是个体对现实环境的感知以及对理想环境的认知之间的差异而形成的心理方面的不协调性，旅游需求则是对这种不协调性的意识上的反映。旅游并非以生理需要为驱动的一种行为，而是一种具有审美、休闲、消费的社会属性的行为。旅游不能离开生理需要的满足，旅游需要的构成与人们日常生活需要的构成具有同构性，但总体上又处于一个相对高等的层次上。

二、消费者的支付能力

消费者产生旅游动机之后，还需要具有一定的支付能力（田里，2021；李秀霞，2006）。消费者对旅游的支付能力指的是从人们的所有收入中减去必须缴纳的各种税金以及其他生活必需品和社会消费性支出之后的余额，并且这些余额是可以用于各种旅游消费的货币量，也就是通常意义上的可自由支配收入。每个人的可自由支配收入的影响因素较为复杂，主要包括以下几个方面：首先，消费者所居住的国家或地区的整体社会经济发展水平将直接影响他们的可自由支配收入，进而影响支付能力。消费者个人的收入高低直接影响个人的支付能力，从宏观层面来看，消费者个人收入水平取决于国民生产总值以及国民收入和分配制度，另外，通货膨胀也会影响消费者的实际收入。其次，支付能力还受到家庭结构、自身所从事的职业、家庭的经济负担等因素的影响。消费者旅游支付能力的强弱会影响他们出行旅游的时空范围，如出行的距离、对目的地的选择、对旅游方式和旅游景区等级的选择，进而可能影响消费者旅游需求的实现程度，一般而言，消费者旅游支付能力越强，表明他们选择远程旅游的可能性就越大，旅游空间约束就越小，旅游需求的实现程度也就越高（厉新建、张辉，2002）。

三、消费者的闲暇时间

消费者具有旅游需求意愿和支付能力并不能保证旅游需求的完全实现，还需要具有一定的闲暇时间（马惠娣，2009；左现娟，2012）。通常意义的闲暇时间指的是消费者在完成他们的正常工作、学习和生活以及各种社会活动之外的时间，即自己可以自由支配的时间。一般而言，消费者所拥有的闲暇时间与他们所居住的国家或地区的社会经济发展水平、科学技术水平和社会生产力水平呈正相关的关系。闲暇时间对旅游需求而言是一种决定性的制约条件，是一种以独特的形态存在的社会财富或个人财富。在任何环境中，这种闲暇的财富分配都具有不均等的特性。另外，个人作为社会的个体所拥有的闲暇时间的分布形式也无法自主决定（谢彦君，2004）。

闲暇时间长短不仅影响旅游需求量的大小，并且对消费者的出游周期、出游方式的选择以及旅游花费都产生重要的影响。因而根据闲暇时间的长短可以将消费者的闲暇时间分为以下四种基本类型：①每日工作学习之余的闲暇时间。消费者每日的闲暇时间太短，很难到旅游目的地旅游，一般将这些时间用于居住地附近的日常休闲和娱乐活动，因而很难形成一般意义上的旅游需求，对旅游需求的形成的实际意义不大。②每个周末固定的闲暇时间。与每日闲暇时间相比，每周末的闲暇时间相对充裕，消费者可以利用这些时间进行短距离的出行旅游，进而促进他们短距离、短时间的旅游需求的形成（张捷等，2014；姚蔚蔚和尹启华，2018）。自1995年开始，我国实行每周工作5天的制度，这使得消费者的时空旅游范围增大，旅游空间距离从城市范围逐渐向周边的地区扩展，周边地区的旅游客源地市场发展进度加快，旅游需求也得到了提升。更多的闲暇时间为远途旅游提供了必要的条件。目前，各个大城市周边形成的各类旅游度假区与消费者闲暇时间的增加密切相关。③国家规定的法定节假日的闲暇时间。自国家法定节假日政策实施以来，由于消费者具有更多的闲暇时间，消费者可以利用这些闲暇时间到更远的旅游目的地去旅游，因而促进了消费者更长时间、更远距离的旅游需求，进而促进了旅游行业的快速发展（汪德根等，2009）。1999年我国对节假日休息制度进行了调整，通过"上延下借"的方法形成了一年之内的黄金周，从而给消费者提供了更长的闲暇时间，进一步拉动了国内旅游需求以及消费者对出国旅游的需求。④各个企事业单位规定的带薪休假期。带薪休假制度指的是劳动者连续工作一段时间，比如一年以上，就可以享受一定时间的带薪年假。带薪休假制度的灵活性以及该制度的实施势必会促进大众的旅游消费升级（张世满，2009）。

第三节　旅游需求的影响因素

旅游需求的影响因素较为复杂，主要包括经济因素、社会因素以及心理因素等（汪鸿，2015）。经济因素包括客源地和目的地的各类经济影响因素、客源地和目的地之间的因素。

其中，客源地的经济影响因素通常指的是消费者是否具有可自由支配收入、是否拥有度假的权利、消费的习惯、所在地的税收政策以及一些旅游花费限制等方面。旅游目的地的经济因素通常与旅游目的地的总体价格水平、供给的竞争程度、旅游产品本身的质量以及对旅游者的经济管制等方面有关。旅游目的地与客源地之间的因素通常是指两地的相对价格、目的地对客源地的促销程度、汇率、旅行所需要的时间以及费用等方面（Bull，1995）。社会因素和心理因素往往较为复杂，在旅游需求预测领域鲜有涉及。

在实际的旅游需求预测中，主要是将旅游需求的影响因素作为计量经济模型的预测变量，而最为常见的旅游需求影响因素是游客的消费水平、汇率、相对于客源地的旅游目的地的旅游产品价格（相对价格）以及替代价格（Li et al.，2005；Song and Li，2008；Song et al.，2019）。另外，气候变化（Moore，2010）、金融危机（Song et al.，2011）、恐怖袭击（Bonham et al.，2006）、政治稳定性（Saha and Yap，2014）以及突发事件（Page et al.，2012）等也是旅游需求的重要影响因素（Song et al.，2019）。交通条件的充分改善可以进一步拓展消费者的旅游时空范围，进而对旅游需求产生积极的影响（梁雪松，2012；张岳军、张宁，2013）。一方面，随着我国经济的快速发展，航空、铁路、水运、高速公路等交通业发展十分迅速，大大缩短了客源地与旅游目的地之间的空间距离，游客出行更加方便快捷，对目的地选择更加灵活。另一方面，交通的发展也大大地缩短了游客的旅行时间，减少了旅游的成本。

随着互联网的发展和信息技术的进步，虽然气象数据、网络评论数据、搜索引擎数据等旅游大数据与旅游需求之间没有直接的因果关系，但它们能很好地反映旅游需求的动态变化，因而近几年频繁应用于旅游需求预测（Dergiades et al.，2018；Yang et al.，2015；Li et al.，2020；Jwb et al.，2020；Yang et al.，2014）。从某种意义上讲，这类大数据是对传统意义上的影响因素的一种补充，反映了消费者的兴趣和关注，是潜在旅游需求的表征。相较于传统的影响因素，这类指标数据具有更容易获取、实时性强、样本大、蕴含的信息丰富等特征。

第四节　消费者的旅游决策与旅游需求的实现

一、消费者的旅游决策

(一) 旅游决策的定义

消费者的旅游决策指的是消费者在面临众多的旅游计划时对他们旅游行为进行抉择的动态过程，也就是通常意义上讲的到旅游目的地进行旅游行为所做出的各种决定。消费者的旅游决策与其旅游动机之间的联系十分紧密，当控制了其他诸多影响因素时，旅游需求以及旅游动机将直接导致消费者的旅游决策制定，它们之间蕴含着主观的因果联系（斯蒂芬·L. J. 史密斯，1991）。当然，从消费者的旅游需求到旅游动机的激发再到旅游行为，整个过程还受诸多客观因素的影响，如客源地与目的地之间的空间距离、消费者的闲暇时间、交通便利程度、旅游目的地的知名度、目的地的特色、服务的质量、目的地的文化环境、旅游目的地是否安全、游客的个人偏好等，对不同类型游客的影响具有异质性特征。

(二) 旅游决策的原则

根据斯蒂芬·L. J. 史密斯（1991）对旅游决策的相关论述，旅游决策的基本原则是建立在最大效益原则的基础之上的，要求消费者在满足可支配收入以及一定的闲暇时间的情况下旅游效益最大化。旅游效益的内涵通常是指消费者在精神层面的享受和精力方面的恢复。因此，最大效益原则可以从以下两个方面进行理解：一是旅游时间比最小化，而旅游时间比则是指消费者在整个旅游的过程中，往返客源地与目的地的时间除以在目的地所用的时间。为达到这个目的，消费者往往在交通方式的快捷性与出行的距离长短上进行决策。二是为消除信息不对称，消费者往往需要对旅游相关信息进行充分的了解。

（三）旅游决策的分类

目前，对消费者的旅游决策分类较多，从不同的角度可以进行不同的分类。消费者的旅游决策主要有三种类型：

一是常规决策。该类型的决策指的是消费者在面临一般性的问题时会依据先前的经验而快速制定旅游决策，这类决策亦被称为习惯性决策或惯例性决策。

二是外延性决策。它指的是针对旅游中出现的一些重大问题而做出的决定。针对这种决策，消费者需要利用大量的成本对相关部门的信息进行查询并考察可能的方案，进而选择最佳方案，这对决策实施者的要求相对较高，需要丰富的阅历、渊博的知识、敏锐的洞察力以及活跃的思维。因而该类决策又被称为广泛性决策或扩展性决策。对于很多游客而言，对旅游目的地的选择是一个外延性很大的决策过程，选择过程中需要考虑众多因素，包括对旅游目的地的满意程度、消费者自身的经济条件、消费者的闲暇时间长短等，因而，这种外延性决策尤其适用于消费者在出游前对旅游目的地的选择方面。在做出决策的过程中，消费者往往会向他们的朋友、同事、媒体渠道甚至有关旅游专业人员等进行咨询。

三是冲动性决策，也称瞬时性决策。这种决策与常规决策的区别很大。冲动性决策是指事先没有准备而临时做出的决策，它通常为消费者自身的从众行为，如通过朋友旅游的体验、劝说等激发而引起的，而不是建立在以往经验的基础上。

就上述三类决策而言，不同消费者的选择可能会不一致，例如，对旅游频率较高、具有丰富的旅游经验的游客来说，通常会根据自身的需求和旅游目标而采用常规决策，而对旅游频率较低、缺乏出行旅游经验或者注重旅游的某些方面的消费者一般情况下会采用外延性决策。即使同一个消费者，其决策也会随着旅游过程的推进发生改变，而并非一成不变，一般而言，消费者的旅游决策会在常规决策和外延性决策之间变动。

根据游客旅游的整个过程，又可以将决策区分为在旅游前的信息取舍决策和在旅游过程中的实施决策两类。旅游前的信息取舍决策主要包括基本的旅游决策（即是否去旅游这一决定）、对旅游目的地的选择、对旅游方式的选择、对购买方式的决定、对旅游方式的决定、对食宿的决定以及采用的付款方式的决定等方面。而在旅游过程中的决策主要是消费者对自助旅游或跟团旅游的选择。如果是自助旅游，旅游者会针对旅游计划对食、住、行、游、购、娱等旅游要素进行自由的决策。

另外，也可以根据旅游人数分为个体旅游决策和群体旅游决策两类（谢彦君，2004）。其中，个体旅游者的旅游决策主要通过以下三个步骤完成：首先，对目标的明确，如乘坐具体的交通工具、旅游目的地类型的选择等。其次，消费者需要对相关信息进行收集和整理，以制定最佳旅游方案。最后，消费者需要对各种备选的旅游目的地进行选择和决策，需要根据旅游需要目标选择一个最佳的方案，并对旅游相关产品进行预订或预购，同时有针对性地对旅游目的地的相关信息进行深入细致的了解，从而为旅游过程做好充分的准备。在旅游过程中动态调整旅游决策。群体旅游者的类型可以分为家庭型、社会组织型、社会阶层型等，如果按照团队的组织形式进行划分，群体旅游者又可以分为自组织的临时性的旅游群体和他组织的临时性的旅游群体两大类。对分类的详细描述可以参考谢彦君（2004）的研究。

（四）旅游决策的影响因素

旅游决策会受多方面因素的干扰，具体而言，旅游决策的影响因素可以分成旅游服务、社会支持、个人心理、群体支持、个人社会经济、其他六个大的方面（邱扶东、吴明证，2004）。

一是旅游服务因素。旅游服务因素通常情况下会涉及旅游出行地的旅游服务系统、旅游目的地的服务系统和支持服务系统等方面。一般包括与旅游要素相关的旅游要素服务及与整个旅游系统的咨询、导游以及售后等相关的旅游服务。二是社会支持因素。通常情况下，消费者个人的心理状态以及行为会受到社会环境的规范和制约。旅游的产生或形成一般情况下与社会对旅游的营销、提供的旅游产品和服务有关。同时，社会支持使现代消费者生活方式正在发生重要的转变，一般都会使消费者产生从众心理，否则会感受到外在的社会压力以及内在的心理冲突。三是个人心理因素。一个人的行为往往受到个人特征和环境的综合影响。

个人心理因素会影响他们如何对旅游环境进行认识和评价，以及个人会持有何种决策标准，进而对旅游决策产生影响。四是群体支持因素。通常而言，一个人的心理和行为同时受所属群体以及参照群体的影响。因此，时尚、家人、亲朋好友等都会影响个人的旅游决策。在旅游活动中，很多情况下参照群体比所属群体拥有更大的影响力。五是个人社会经济因素。日常生活的压力、金钱、时间等因素，是现代旅游的基本约束条件。对于现代人来说，在拥有金钱和时间的情况下，想要解除日常生活的压力，最佳的途径就是外出旅游。六是其他因素。包括一些难以归属到其他类型之中的因素，即亲朋好友的旅游推荐、旅游广告宣传、旅游目的地远近等。

二、旅游决策的过程与旅游需求的实现

消费者旅游决策过程指的是在购买旅游产品或者旅游服务的过程中经历的一系列步骤。并非所有消费者的旅游决策都一致，由于个体之间的差异，决策者的生活环境和旅游环境不同，旅游决策也会有相应的区别。但消费者旅游决策的主要过程大致相同，基本遵循识别旅游需求或旅游环境—查询旅游相关信息—做出旅游决策三个主要环节，一旦做出旅游决策，消费者就会购买旅游产品或旅游服务，购买后会对旅游产品和旅游服务的感受进行评价。其中，识别旅游需求或者旅游环境是旅游决策过程中的初级阶段。消费者做出旅游决策之前，首先需要明确自己是否对旅游产品和服务有需求，对旅游相关的食宿、交通工具等方面的具体需求是什么。当消费者有了旅游需求、产生旅游动机之后，旅游者为了更好地满足自身的旅游需求，他们会通过各种渠道搜集与旅游相关的信息，从而更进一步了解旅游产品和服务，进而制定更适合自己的旅游决策。

在各种信息获取渠道中，通过搜索引擎、微信、微博等媒介对目的地的旅游相关要素进行信息查询、对旅游产品和服务进行评价已成为网民了解信息、表达情感的新的渠道，这种信息获取方式具有成本低、实时性强等特征。因而旅游目的地相关的网络信息搜索数据和海量网络评论数据反映了消费者对旅游目的地的兴趣和关注，能客观表征消费者潜在的旅游需求（Zhang et al.，2020）。

综上所述，消费者旅游需求被激发，为制定最优旅游决策，他们会通过各种媒介或途径进行信息查询，进而做出旅游决策。综合旅游需求的产生、旅游需求的影响因素和旅游决策相关理论，本书构建消费者旅游需求实现的框架，具体如图 3-1 所示。

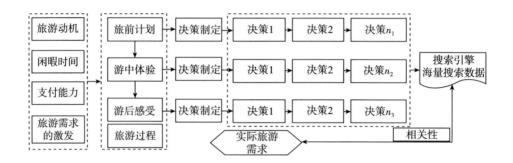

图 3-1　旅游需求实现的动态逻辑

第四章　旅游需求预测实证
分析框架构建

第一节　实证分析框架构建

基于已有研究的基本方法和相关理论，本章构建多数据源融合下的旅游需求预测实证分析的框架，该框架主要包括多源数据的收集、数据预处理、数据分析、模型构建、预测实验以及预测评估 6 个步骤，具体实证分析框架如图 4-1 所示。

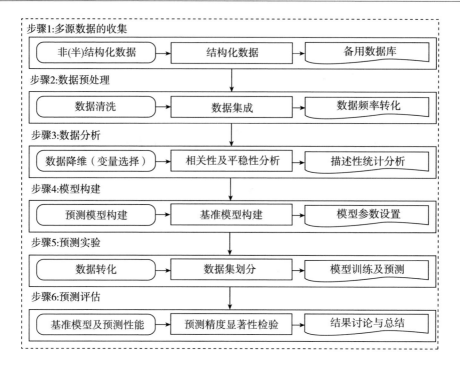

图 4-1　实证分析逻辑框架

第二节　多源数据的收集与数据预处理

一、多源数据的收集

数据的获取方面，需要收集被预测变量和预测变量的相关数据。其中，旅游目的地游客流量、酒店入住率、旅游收入等被预测变量数据可以从万得（Wind）资讯等数据库获取，部分景区官方网站也提供旅游需求相关数据。对于预测变量而言，传统预测方法使用的宏观以及行业相关数据也可以从万得资讯以及各类统计年鉴获取。大数据时代的到来给我们提供了很多新的数据来源，目前使用较多的有搜索引擎数据、景区评论数据、手机信令数据、景区旅游官网点击率数据、交通数据、气象数据、微信微博数据等。

搜索数据方面，目前对国内的旅游需求预测主要使用百度提供的百度指数，而谷歌提供的谷歌趋势数据主要用于对国际旅游市场的旅游需求进行预测，这两类数据可以分别通过百度指数及谷歌趋势获取；网络评论数据来源于一些在线旅游网站，例如，携程、TripAdvisor、去哪儿等网站会记录游客对各个目的地的景区或酒店的海量在线评论，这类非结构化数据需要用爬虫的方法从相关网站获取；气象数据可以从中国气象数据网以及一些气象观测站获取；交通数据可以从万得资讯以及一些统计年鉴获取；手机信令数据一般需要从运营商获取，成本较大；微信微博相关数据可以免费通过微信和微博指数获取；各类数据的具体收集方法将在后续各章节具体介绍。

从一些在线旅游网站收集到的某个景区或酒店在每个固定时间段的点评数数据以及在某个固定时间段的平均评论等级数据为半结构化数据。例如，游客对九寨沟每个月的点评总数以及平均评价等级数据为半结构化数据，这类数据进行结构化处理相对容易。而点评的文本内容、音频以及视频等为非结构化数据，需要利用文本挖掘、情绪分析等工具构建旅游关注度指数，进而实现数据的结构化（Li et al.，2021）。

二、数据预处理

结构化处理后的数据一般包含一些异常值、缺失值等噪声信息，不利于进一步的数据分析和预测实验。例如，2013 年 10 月 2 日九寨沟风景区游客滞留事件发生之后，短期内网民对九寨沟相关信息的搜索量骤增，但这并不能反映真实游客流量的动态特征。因此，我们需要对数据进行预处理。目前，数据清洗以及数据集成是两类较为常用的数据预处理技术（杨辅祥等，2002）。

数据清洗方法是通过对缺失值进行填补，对离群点进行平滑或删除处理，进而纠正数据中存在的不一致性来达到数据清洗的目的。简言之，就是对数据里存在的缺失值或异常值进行处理。总的来讲，数据清洗是一项十分繁重的任务，需要根据数据的准确性、完整性、一致性、时效性、可信性和可解释性来综合考察数据，从而得到标准的、干净的、连续的数据。

随着大数据时代的到来，我们可以使用的数据源越来越多，数据分析任务一般会遇到多数据源情况，这需要对不同数据源进行整合。数据集成方法则是指将不同数据集合中的数据进行整合并一致存放的一种数据存储，这些不同的数据源一般涉及至少两个数据库或者数据文件。在对数据进行集成处理时，会遇到一些问题，如表述不一致、数据冗余等。

就数据清洗而言，主要包括三个方面（杨辅祥等，2002；曹建军等，2010）。一是对缺失值的删除或填补。在数据收集时，通常会由于各种原因导致数据缺失，不利于进一步的分析。因此，会根据变量缺失值的具体情况和分布特征进行相应的处理。如果变量存在大量的缺失值，并且变量的重要程度不高，可以直接对变量进行删除处理，否则根据数据分布的情况用均值等基本统计量进行填充。二是针对离群点，常用的做法是将其删除。三是数据不一致。在实际数据产生、录入或收集过程中，由于一些人为或者其他原因，导致得到的数据与实际数据可能存在出入。例如，数据输入时导致的错误可以通过与原始数据记录进行对比而更正。

就数据集成而言，也包括三个方面（杨辅祥等，2002；曹建军等，2010）。一是匹配来自多个不同信息源的数据时，如果两个不同数据库中的不同字段名指向同一实体，需要把两个字段名改为一致。二是数据的冗余。冗余是数据集成中常见的一个问题，如果一个属性能由另一组属性"导出"，则此属性可能是冗余的，可以删除一个或者进行合并。三是数据值的冲突。不同数据源在统一合并时，需要保持规范化，如果遇到有重复的，需要做去重处理。

第三节　数据降维与数据分析

一、数据降维

在进行旅游需求预测时，为了更准确全面地反映事物的客观规律和特征，往往会考虑收集各个数据源的数据，这时会涉及大量的预测变量，这样会产生一些问题，例如，利用百度搜索数据进行旅游需求预测时，会涉及大量与旅游目的地相关的关键词变量。一方面，为了避免遗漏重要的信息，可能会尽可能多地选择变量；另一方面，大量变量会导致信息重叠，导致预测的复杂性，同时重叠的信息可能会抹杀变量本身反映的特征和规律。考虑到旅游大数据具有高维度和稀疏性等特征，如何从大量变量中获取具有预测能力的变量是一个巨大的挑战。为避免多重共线性、降低数据冗余度并保证建模的简约性和有效性，一般需要从大量变量中选择有预测能力的变量。常用的变量选择或数据降维方法有主成分分析法、因子分析法、皮尔森（Pearson）交叉相关分析、岭回归及 Lasso 回归等。

（一）主成分分析法

主成分分析法是从原始变量的相关矩阵或者协方差矩阵出发，通过寻找原有变量的线性组合，取出对线性关系影响较大的原始数据作为主要成分，并利用主要成分作为模型的输入集进行旅游需求预测（Li et al.，2015；Andreou et al.，2013）。主成分分析法的基本步骤如下：

步骤 1：对收集到的原始实验数据集进行标准化转换。为消除实验数据集中预测变量量纲的不一致以及数量级差异所造成的影响，往往需要对数据进行标准化处理，假设收集到的预测变量有 m 个，将其记为 x_i（$i=1$，2，$\cdots$，m），每个变量包含 n 个观测值，则第 i 个变量的标准化可以用式（4-10）、式（4-11）、式（4-12）等方法实现，标准化后的变量记为 x_i^*（$i=1$，2，$\cdots$，m）。

步骤 2：计算相关矩阵。由于原始变量进行了标准化处理，因此，新变量的协方差矩阵即为原始变量的相关矩阵，设相关矩阵为 $R=(r_{ij})_{m \times m}$，其中，r_{ij} 表示第 i 个指标与第 j 个指标之间的相关系数，根据相关系数可以判断变量之间是否存在多重共线性，如果存在多重共线性，需要对其中一个变量进行删除或合并处理。$\widetilde{x}_{ki}$ 为第 i 个变量第 k 个标准化观测值，则 r_{ij} 可以表示为：

$$r_{ij} = \frac{1}{n-1} \sum_{k=1}^{n} \widetilde{x}_{ki} \widetilde{x}_{kj} \tag{4-1}$$

步骤 3：计算特征根和特征向量。从相关矩阵 R 出发求得 m 个特征根：$\gamma_1 \geq \gamma_2 \geq \cdots \geq \gamma_m \geq 0$，每个特征根对应的特征向量为 u_1，u_2，$\cdots$，u_m，其中，$u_j = (u_{1j}, u_{2j}, \cdots, u_{mj})^T$，则新的综合变量可以表示为：

$$\begin{cases} f_1 = u_{11}x_1^* + u_{21}x_2^* + \cdots + u_{m1}x_m^* \\ f_2 = u_{12}x_1^* + u_{22}x_2^* + \cdots + u_{m2}x_m^* \\ \qquad \cdots \\ f_m = u_{1m}x_1^* + u_{2m}x_2^* + \cdots + u_{mm}x_m^* \end{cases} \tag{4-2}$$

步骤 4：选择主成分个数。根据需要选择 p（$p<m$）个主成分，其累积信息贡献率可以表示为：

$$\delta_p = \frac{\sum_{k=1}^{p} \gamma_k}{\sum_{k=1}^{m} \gamma_k} \tag{4-3}$$

一般而言，当 $\delta_p \geq 85\%$ 时，认为对应的前 p 个主成分能够解释原始变量的绝大多数信息，此时的 p 个主成分可以作为新的综合预测变量（何晓群，2015）。

（二）因子分析法

因子分析法是以各个变量的相关矩阵内部的依赖关系为出发点，将若干信息重叠、具有错综复杂关系的变量用少数几个不相关的公共因子和特殊因子来表示的一种多元统计分析法（Kim and Swanson，2017）。因子分析法的基本步骤如下：

步骤1：原始变量的标准化处理。为消除不同预测变量量纲以及数量级的差异对预测造成的影响，需要对原始变量进行标准化变换，方法与主成分分析法中标准化方法相同。然后需要对变量之间的相关性进行判断，一般而言，需要大多数变量之间的简单相关系数大于0.3，否则很难达到降维的目的（何晓群，2015）。

步骤2：因子载荷的求解。因子载荷的求解方法较多，主要有主成分技术、主轴因子技术、极大似然法等（何晓群，2015）。其中，主成分分析法是在进行因子分析之前先利用主成分分析法进行分析，然后将前面几个主成分作为没有旋转的初始公共因子。这种方法操作较为简单，但特殊因子之间无法满足独立性的假定，因而得到的因子载荷并不完全正确。但是前面几个公共因子解释方差比例较大的时候，特殊因子所起到的作用可以忽略不计。

主轴因子法的求解思路与主成分分析法类似，不同之处在于主成分分析法是在所有m个主成分均可以解释标准化的原始预测变量信息的基础上进行分析，而主轴因子法假定保留的p个公共因子只能解释原始变量的一部分信息，并且利用共同度替换相关矩阵主对角线上的相关系数1，然后从新的矩阵出发求出特征根以及对应的特征向量，进而获得因子载荷。

极大似然法需要假定变量的分布为已知，这里假定公共因子以及特殊因子均服从正态分布，在此假定下可以利用极大似然估计的基本思想对因子载荷进行求解。

步骤3：因子旋转。不管哪种方法求得的初始载荷矩阵均并非唯一确定，此时初始载荷矩阵中的元素可能并非十分接近0或1，将不利于对公共因子的经济意义进行解释。因此，需要通过适当的旋转得到较为满意的公共因子。常用的因子旋转方法包括正交旋转和斜交旋转两类，正交旋转能保证旋转后的公共因子仍然正交，也就是保持独立性，但斜交旋转后的公共因子并不要求保持独立，因而能够得到更具有解释性的公共因子。

步骤4：因子得分。最终需要利用少数几个公共因子进行进一步的研究，例如，利用少数几个公共因子作为新的预测变量进行预测，这时需要求解公共因子的得分。可以利用回归的思想求解如下回归方程：

$$F_i^* = \beta_{i1}x_1^* + \beta_{i2}x_2^* + \cdots + \beta_{im}x_m^* \tag{4-4}$$

由于公共因子和原始变量均为标准化的指标，因而模型中不包含常数项。通过最小二乘法得到估计量如下：

$$F^* = A^T R^{-1} X^* \tag{4-5}$$

其中，A 表示通过主成分、主轴因子或极大似然法得到的因子载荷矩阵，R 表示预测变量的相关矩阵，X^* 为标准化的原始变量组成的数据矩阵。当获得具体观测值时，可以代入式（4-5）得到综合因子得分。

（三）皮尔森交叉相关分析

皮尔森交叉相关分析是一种利用被预测变量与预测变量各阶滞后变量之间的相关性大小选择变量的统计方法。设旅游需求变量为 y_t，第 i 个预测变量为 x_{it}，利用相关系数求解方法，旅游需求与预测变量之间的交叉相关系数为：

$$\rho(y_t, \ x_{it-\tau}) = \frac{S_{xy}}{S_x S_y} \tag{4-6}$$

其中，$x_{it-\tau}$ 表示第 i 个预测变量的第 τ 阶滞后变量，$\tau = 0，1，2，\cdots，\omega$，$\omega$ 为最大滞后阶数，一般根据变量的周期性等特征确定。S_{xy} 为旅游需求与第 i 个预测变量的第 τ 阶滞后变量之间的样本协方差，S_x 和 S_y 分别表示被预测变量和预测变量的样本标准差。利用皮尔森交叉相关分析可以找出各个预测变量的最优滞后结构，选择相关系数大于某个阈值的变量，从而达到变量选择的目的（Zhang et al.，2019）。

（四）岭回归、Lasso 回归与 ElasticNet 回归

岭（Ridge）回归（Hoerl and Kennard，1970）的原理与普通最小二乘估计类似，但是在损失函数中增加了额外的缩减惩罚项，以限制 L2 范数的平方项，具体如式（4-7）所示：

$$L(\overline{\omega}) = \|X\overline{\omega} - \overline{y}\|_2^2 + \alpha \|\overline{\omega}\|_2^2 \tag{4-7}$$

其中，X 为将所有的样本作为列向量而组成的矩阵，ω 是权重向量，系数 α 用于限制正则化的强弱，即惩罚的力度，该值越大，对系数的大小惩罚越重，约

束越紧。

Lasso 回归则是在传统的最小二乘估计基础上对模型的系数施加一个惩罚，但惩罚项引入的方式与岭回归略有不同，从而达到变量选择的目的。具体而言，Lasso 回归加入权重 ω 的 $L1$ 范数作为惩罚项，进而确定系数中的数目较多的无用项（零值）：

$$L(\bar{\omega}) = \frac{1}{2n}\|X\bar{\omega}-\bar{y}\|_2^2 + \alpha\|\bar{\omega}\|_1^1 \tag{4-8}$$

ElasticNet 是综合 Lasso 回归和 Ridge 回归进而组成一个具有两种惩罚因素的单一模型，一个惩罚因素与 $L1$ 范数成比例，另一个惩罚因素与 $L2$ 范数成比例。这种更为一般的模型具有双重优势，一方面，具有 Lasso 回归稀疏的性质，另一方面，具有与岭回归一样的正则化能力。ElasticNet 模型的损失函数如式（4-9）所示：

$$L(\bar{\omega}) = \frac{1}{2n}\|X\bar{\omega}-\bar{y}\|_2^2 + \alpha\beta\|\bar{\omega}\|_1^1 + \frac{\alpha(1-\beta)}{2}\|\bar{\omega}\|_2^2 \tag{4-9}$$

从上面的表达式可以看出，与岭回归和 Lasso 回归有所不同，ElasticNet 的损失函数中需要提供 α 和 β 两个参数，当 $\beta=0$ 时，即为岭回归的损失函数表达式，当 $\beta=1$ 时，即为 Lasso 回归的损失函数表达式，故岭回归和 Lasso 回归是 ElasticNet 的特殊情况。

本书在后续各章的实证分析中，主要利用因子分析、皮尔森交叉相关、ElasticNet 等方法进行变量选择与数据降维。

二、相关性、平稳性及描述性统计分析

（一）相关性分析

无论用哪种方法选择变量，最后都需要对预测变量与被预测变量之间的相关性进行分析，尤其是人工智能模型需要预测变量与被预测变量之间具有一定的相关性。一般通过求旅游需求被预测变量与预测变量之间的皮尔森相关系数达到目的（Zhang et al.，2020），同时需要对相关系数是否显著异于 0 做显著性检验，

通常需要选择相关系数较大且显著不为 0 的预测变量。

（二）单位根及平稳性检验

变量的平稳性是时间序列模型和计量经济模型的基本要求，如果不满足平稳性条件，可能会得到不一致的有偏的估计量，传统意义上的 t 检验会失效，甚至得到伪回归或伪相关的结论（陈强，2014）。常用的单位根检验与平稳性检验包括 DF（Dickey-Fuller）单位根检验、ADF（Augmented Dickey-Fuller）单位根检验、PP（Phillips-Perron）单位根检验、DF-GLS 单位根检验以及 KPSS 平稳性检验。各种检验的基本思想和方法请参阅陈强（2014）对相关内容的介绍。如果不满足平稳性条件，需要根据实际情况对序列进行差分处理，还可以进一步进行格兰杰因果检验和协整检验等分析。

（三）描述性统计分析

在旅游需求预测中，需要对各个变量的总体分布形态和统计特征进行了解。描述性统计分析则可以利用相关软件实现对数据的整理，进而对数据进行描述并解释数据。通常可以根据样本构建统计量来描述原始数据的统计特征，可以将描述性统计量分为三大类。第一类是对数据中心位置的度量，如样本均值、中位数以及众数等指标。第二类是对变量的波动大小进行度量，如极差、样本方差或样本标准差。第三类是可以描述数据中某个观测值相对位置、偏度、峰度、最值等统计量（胡博等，2013）。

第四节　实验数据集的构建与预测评估

一、实验数据集的构建

（一）数据标准化

在进行预测实验前，通常会收集大量不同的预测变量，尤其是在不同数据源融合下进行旅游需求预测时，大量指标之间的性质、量纲以及数量级等特征都存在明显的差异。由于涉及大量不同预测变量，各个变量的属性一般不一致，很难在不同变量之间进行比较和综合。因而，需要先对收集到的实验数据进行标准化（Normalization）处理，然后进行数据分析。标准化处理一般涉及指标一致化以及指标无量纲化处理（阳含熙、卢泽愚，1981；管于华，2005）。

就指标一致化而言，主要针对不同性质变量，对其直接加总求和无法正确反映不同作用力的综合结果，须先改变逆指标数据性质，使所有指标对评价方案的作用力趋同，再加总求和方能得出合理结果。例如，有一类指标的值越大越好，我们称之为效益型指标。而另一类指标的数值越小越好，我们称之为成本型指标。如果在同一个体系下同时对这两类指标的综合作用进行评估，由于其作用的方向相反，需要对逆向的指标进行同向化处理，改变逆向变量的性质和作用方向，使得所有变量的作用方向一致，进而执行进一步的分析。针对成本型指标处理的方法有两种：一种方法是可以对原始数据取倒数，转化为效益型指标；另一种方法是利用成本型指标允许范围内的一个上界值，依次减去每一个原始数据，即可转化为效益型指标。值得注意的是，倒数一致化通常会改变原始数据的分散程度，从而夸大或缩小原始数据的实际差异。另外，倒数一致化不允许指标的原始数值为零。而减法一致化则不改变数据的分散程度。指标一致化处理一般在综合评价中应用较多。

在旅游需求预测中遇到的更多的情况是指标量纲和数量级的不一致性。数据无量纲化处理主要通过数据转化消除量纲和数量级的不一致，解决不同变量观测值的可比性。数据标准化的方法通常包括离差标准化法、Z-score标准化法和比例法等。经过标准化处理，原始数据均转换为无量纲化指标，可以执行进一步的预测实验。

1. 离差标准化法（min-max 法）

假设原始预测变量为 x_i（$i=1, 2, \cdots, m$），每个变量有 n 个观测值，则将第 i（$i=1, 2, \cdots, m$）个变量的第 j（$j=1, 2, \cdots, n$）个观测值进行标准化的离差法，可以用式（4-10）表示：

$$x_{ij}^* = \frac{x_{ij} - \min\limits_{1 \le j \le n}\{x_{ij}\}}{\max\limits_{1 \le j \le n}\{x_{ij}\} - \min\limits_{1 \le j \le n}\{x_{ij}\}} \qquad (4-10)$$

则新的序列 x_i^*（$i=1, 2, \cdots, m$）的所有观测值分布在 0 到 1 区间内，并且没有量纲和数量级的差异（Chang and Lin, 2011）。从式（4-10）可以发现，离差标准化方法其实是对原始数据进行了一个线性变换，将原始观测值投影到闭区间 $[0, 1]$。

2. Z-score 标准化法

Z-score 法基于原始数据的均值和标准差进行数据的标准化（何晓群, 2015；管于华, 2005）。该方法适用于旅游需求相关时间序列的最大值以及最小值未知的情形，或者是存在超出正常取值范围的异常值的情形。假设原始预测变量为 x_i（$i=1, 2, \cdots, m$），每个变量有 n 个观测值，第 i 个变量的样本均值和样本标准差分别记为 $\overline{x_i}$, s_i，则利用 Z-score 方法对第 i（$i=1, 2, \cdots, m$）个变量的第 j（$j=1, 2, \cdots, n$）个观测值进行标准化的方法表示如下：

$$x_{ij}^* = \frac{x_{ij} - \overline{x_i}}{s_i} \qquad (4-11)$$

可以发现，变换后的变量 x_i^* 的均值为 0，方差为 1，即所有观测值围绕 x 轴上下波动。

3. 比例法

对正值旅游相关时间序列 x_i，该序列有 n 个观测值，则利用比例法对第 i（$i=1, 2, \cdots, m$）个变量的第 j（$j=1, 2, \cdots, n$）个观测值进行标准化的方法表示如下：

$$x_{ij}^* = \frac{x_{ij}}{\sum\limits_{j=1}^{n} x_{ij}} \qquad (4-12)$$

可以发现，变换后的序列 x_i^* 的所有观测值属于闭区间 $[0, 1]$，且 $\sum\limits_{j=1}^{n} x_{ij}^* = 1$。但该方法要求全部数据为正值序列。在实际使用过程中，可以根据数据特征，选择式（4-10）、式（4-11）、式（4-12）中的一种方法，即可实现数据标准化，实验结束后需要执行标准化方法的逆变换，得到未标准化的预测值。

（二）数据集的划分

机器学习需要大量的数据来训练模型，尤其是训练神经网络模型。在进行机器学习时，数据集一般会被划分为训练集和检验集，很多时候还会划分出验证集（Mitchell，2003），本书只用到训练集和检验集。训练集是用于训练的样本集合，主要用来对模型进行训练，检验集用于对训练完成的模型进行预测检验，测试模型的预测性能。

常用的数据集划分方法有随机划分法、留一交叉验证法、K 重交叉验证法等（Mitchell，2003）。随机划分法通常直接将数据随机划分为训练部分和检验部分，训练部分用于训练预测模型，检验部分用于验证模型的预测性能。该划分方法常见于决策树、朴素贝叶斯分类器、线性回归和逻辑回归等机器学习任务。通常按照 3：1 的比例进行分割，其中 3/4 的部分用于模型训练，1/4 的部分用于验证模型拟合数据的能力。当然也可以按照其他比例划分，但训练集一般比检验集要大。

留一交叉验证法是每次选择一个样本数据作为检验集，其余的 N−1 个样本作为训练集，共执行 N 次检验，N 次检验的平均预测精度作为模型的最终预测精度（范明、孟小峰，2012）。

K 重交叉验证（K-Fold Cross Validation）法将实验数划分为 K 部分，每次将其中的 K−1 部分用于模型训练，剩余的 1 部分用于预测检验，在交叉验证时，在训练集上重复训练 K 次，每次选择一个子集用于预测检验，并将 K 次的平均交叉验证的预测精度作为最终的预测精度（范明、孟小峰，2012）。常用的是 10 折交叉检验，也可以根据实验数据集样本的大小确定 K 的具体取值。

将数据标准化处理后再将其划分为训练集和检验集，从而得到实验数据集用于下一步的预测实验。

二、预测评估

（一）模型选择

如何选择恰当的预测模型进行预测实验是一个十分重要的问题，一般情况下，需要根据实验数据集的统计特征、数据类型、预测变量个数、数据样本容量的大小以及预测期限等综合确定。

对于实验数据集的特征，首先，可以从四个角度去认识它：①随机性特征。随机性指的是时间序列是否可以重复，是否存在随机波动性特征。②历史依赖性特征。如果时间序列当前的特征只和上一时刻相关，没有复杂记忆，则认为该时间序列没有记忆性；如果时间序列当前时刻的特征与之前很多的时刻都相关，则认为该时间序列具有长期的历史依赖性。③非线性特征。影响序列的因素之间是否相互独立，若独立，则可以拆分为各个因素的叠加，称之为线性特征；若相互之间不独立，则认为具有非线性特征，问题会复杂得多，需选择具有非线性预测能力的模型。④实验数据集的维度。高维时是否该降维，低维时是否该投影到高维。

其次，我们应进一步根据实验数据的类型判断是进行定性分析还是定量预测，根据变量的个数确定是单变量时序预测还是多变量时序预测，数据样本大小、预测期限以及被预测变量取值情况等也是我们需要考虑的因素。

综合研判以上几个特性之后，可以选择相应的预测模型。如果数据为线性，则各因素可以叠加，选用线性回归模型就可以很好地进行预测；如果无记忆，可以选择隐马尔可夫模型进行预测。若时间序列数据具有长期历史依赖性、非线性、高维度等特征，那么，可以选择人工智能方法进行预测，如深度学习模型中的 LSTM 模型能很好地拟合数据的这些特征。值得注意的是，不通过考察数据的各个方面的特征而随意套用模型。但就海量旅游大数据而言，深度学习模型是目前最常用的方法。

为对比构建预测模型的预测性能，一方面，需要根据我们的研究目的选择基准模型。另一方面，自回归等简单的时间序列模型，一般常被作为基准模型使用。

（二）预测性能度量指标

为了进一步判断预测模型与基准模型的预测精度和拟合数据的能力，需要引入度量模型预测性能的统计量（指标）进行评估，这些指标都是基于模型的预测值和实际观测值而构建的（范明、孟小峰，2012；Zhang et al.，2020）。一般对于不同类型的模型，会有不同的评估指标，可以根据具体预测对象及其特征，构建最优评判准则。例如，误差平方和、相对误差以及最大偏差达到最小等。常用的指标有均方误差（Mean Square Error，MSE）、均方根误差（Root Mean Square Error，RMSE）、平均绝对误差（Mean Absolute Error，MAE）、平均绝对百分比误差（Mean Absolute Percentage Error，MAPE）、对称平均绝对百分比误差（Symmetric Mean Absolute Percentage Error，SMAPE）、百分比偏差（Percent Bias，PBIAS）、调整 R^2（Adj. R^2）以及纳什效率（Nash-Sutcliffe Efficiency，NSE）系数（Singh et al.，2004；Moriasi et al.，2007；Zhang et al.，2020；陈荣，2014）。假设检验集样本容量为 π，检验集上实际的游客流量和预测值分别为 y_i，$\hat{y}_i$，各个指标的定义如下：

1. 均方误差

均方误差（*MSE*）是绝对指标，实质上是预测误差的平方的均值，其定义如式（4-13）所示：

$$MSE = \frac{1}{\pi} \sum_{i=1}^{\pi} (y_i - \hat{y}_i)^2 \tag{4-13}$$

取平方是为了消除负号的影响，从该定义可以看出，理论上 *MSE* 的取值范围是 $[0, +\infty)$，当检验集上模型的预测值等于真实游客流量值时，*MSE* 等于 0，即完美模型。该值越大，表明模型预测误差越大，预测精度越小。

2. 均方根误差

均方根误差（*RMSE*）是绝对指标，实质上是对 *MSE* 求算术平方根，其定义如式（4-14）所示：

$$RMSE = \sqrt{\frac{1}{\pi} \sum_{i=1}^{\pi} (y_i - \hat{y}_i)^2} \tag{4-14}$$

取平方是为了消除负号的影响，可以看出，*RMSE* 的取值范围是 $[0, +\infty)$，当拟合值与真实客流量观测值相等时，*RMSE* 等于 0，即完美模型；该值越大，误差越大，预测精度越小。

3. 平均绝对误差

平均绝对误差（*MAE*）也是一种绝对指标，与 *MSE* 类似，实质上是预测误差的绝对值的平均值，其定义如式（4-15）所示：

$$MAE = \frac{1}{\pi} \sum_{i=1}^{\pi} |y_i - \hat{y}_i| \tag{4-15}$$

取绝对值是为了消除负号的影响，从定义可以看出，*MAE* 的取值范围是 $[0, +\infty)$，当检验集上的预测值与真实游客流量值相等时，*MAE* 等于 0，即完美模型；*MAE* 的值越大，误差越大，预测精度越小。

4. 平均绝对百分比误差

与前面几个统计量不同，平均绝对百分比误差（*MAPE*）是相对指标，其定义如式（4-16）所示：

$$MAPE = \frac{100\%}{\pi} \sum_{i=1}^{\pi} \left| \frac{y_i - \hat{y}_i}{y_i} \right| \tag{4-16}$$

取绝对值是为了消除负号的影响，从该定义可以发现，*MAPE* 的取值范围是 $[0, +\infty)$，当 *MAPE* 的值为 0% 时，表示完美模型，当 *MAPE* 的取值大于 100% 时，则表示劣质模型。当检验集上真实游客流量值有数据等于 0 时，存在分母为 0 的问题，该表达式没有意义。

5. 对称平均绝对百分比误差

对称平均绝对百分比误差（*SMAPE*）是在 *MAPE* 的基础上定义的相对统计量，其定义如式（4-17）所示：

$$SMAPE = \frac{100\%}{\pi} \sum_{i=1}^{\pi} \frac{|y_i - \hat{y}_i|}{(|y_i| + |\hat{y}_i|)/2} \tag{4-17}$$

其取值的含义与 *MAPE* 类似，由于分母为实际值的绝对值和预测值的绝对值的算术平均值，该指标同时利用了两者的信息。当真实游客流量值有数据等于 0，并且预测值也刚好等于 0 时，分母为 0，该表达式没有意义。

6. 百分比偏差

百分比偏差（*PBIAS*）也是一种相对指标，其定义如式（4-18）所示：

$$PBIAS = \frac{\sum_{i=1}^{\pi}(y_i - \hat{y}_i)}{\sum_{i=1}^{\pi}y_i} \times 100\% \qquad (4-18)$$

PBIAS 度量的是模型拟合值平均偏离实际游客流量值的程度或趋势（Gupta et al.，1999），其期望值为零，该值与零的距离小，表明模型拟合程度高。注意分子分母的每一项并未取绝对值，因而该指标值可能为正也可能为负，如果 *PBIAS* 取负值，意味着检验集上模型的预测值在平均意义上大于实际的游客流量值，反之亦然。

7. 调整 R^2

在涉及多个变量，尤其是在多数据源融合下的旅游需求预测时，即使做了变量选择或降维处理，仍然可能会面临大量预测变量的情况，此时 R^2 指标值会受到预测变量个数的影响。因此，与传统的 R^2 统计量相比较，调整 R^2 对预测变量的个数进行了调整，其定义如式（4-19）所示：

$$\text{Adj. } R^2 = 1 - \frac{\pi-1}{\pi-m-1}(1-R^2) \qquad (4-19)$$

其中，R^2 的计算如式（4-20）所示：

$$R^2 = \frac{\sum_{i=1}^{\pi}(y_i - \bar{y})(\hat{y}_i - \bar{Y})}{\sqrt{\sum_{i=1}^{\pi}(y_i - \bar{y})^2}\sqrt{\sum_{i=1}^{\pi}(\hat{y}_i - \bar{Y})^2}} \qquad (4-20)$$

式（4-19）和式（4-20）中，y_i、$\hat{y}_i$ 分别表示检验集上实际观测到的游客流量值和预测值，它们的平均值分别为 $\bar{y}$、$\bar{Y}$，π 和 m 分别表示检验集样本数和实验数据集的变量数。Adj. R^2 的取值越接近 1，表明模型解释实际观测数据的变异程度的能力越强。

8. 纳什效率系数

纳什效率（*NSE*）系数也是一种相对指标，该统计量用于描述模型拟合数据的能力（Nash and Sutcliffe，1970）。该指标的定义如式（4-21）所示：

$$NSE = 1 - \frac{\sum_{i=1}^{\pi}(y_i - \hat{y}_i)^2}{\sum_{i=1}^{\pi}(y_i - \bar{y})^2} \qquad (4-21)$$

NSE 系数的取值越接近 1，意味着拟合数据的能力越强，模型的质量越高，模型拟合数据的可信度也就越高。

其他预测性能指标不再详述，本书在后续各章节实际应用中选择其中部分指标对模型的预测精度和拟合能力进行综合判断。

（三）预测精度的显著性检验

为了检验预测模型与基准模型之间的预测性能是否相同，需要对不同模型的预测精度进行显著性检验，常用的显著性检验方法有配对样本 t（Paired t）检验（胡博等，2013）和 DM（Diebold Mariano）检验（Diebold and Mariano，1995）两种。

1. 配对样本 t 检验

由于预测精度是基于检验集上的实际游客流量观测值和模型的预测值构建的，度量两个模型的预测精度的样本并非独立，因而采用配对样本 t 检验，而非执行独立样本条件下的 t 检验。配对样本 t 检验适用于服从同均值的正态总体的两个具有相关性的样本的显著性检验，其本质上是验证两相关样本之差的平均值与 0 之间的差异是否显著。与一般意义上的独立样本的 t 检验相比，配对样本 t 检验对样本具有一定的要求，需要配对样本，两个样本的样本量要相同，样本先后的顺序是一一对应的。

配对样本 t 检验可以看作是单样本 t 检验的推广。根据配对样本 t 检验的基本思想，为了检验构建模型和基准模型的预测性能是否有差异，设预测模型和某个基准模型在检验集上的预测误差序列分别为 e_{1t}，e_{2t}（$t=1$，2，$\cdots$，π），提出如下假设：

H_0：预测模型与基准模型之间的预测性能没有显著差异；

H_1：预测模型与基准模型之间的预测性能存在显著性差异。

为构建统计量，需要选择一个损失函数 $L(e_{it})$ 度量模型在各个时刻的预测精度，该损失函数可以是绝对误差或者误差的平方等。为对比预测能力，进一步构建损失函数之差：

$$d_t = L(e_{1t}) - L(e_{2t}) \tag{4-22}$$

且假定 d_t 服从正态分布或者近似正态分布，构建如下 t 统计量：

$$t = \frac{\overline{d}}{s_d / \sqrt{\pi}} \tag{4-23}$$

其中，$\overline{d}$ 和 s_d 分别表示配对样本的差 d_t 的样本均值和样本标准偏差，π 为检验集上配对的样本数。在虚拟假设成立的条件下，该统计量服从自由度为 $\pi-1$ 的 t 分布。最后，根据 t 值或 p 值的大小判断是否拒绝原假设。

2. DM 检验

DM 检验的思想与 t 检验类似，也是一种检验不同模型预测性能统计上差异的方法（Diebold and Mariano，1995），即对两个模型具有相同预测能力的虚拟假设进行检验。为此，针对模型 i 在时刻 t 定义一个二次损失函数 $g(e_{it})$，e_{it} 表示模型 i 在时刻 t 的预测误差。在虚拟假设条件下，两个模型预测性能相同，即：

$$H_0: \ g(e_{1t}) = g(e_{2t}) \tag{4-24}$$

为进行检验，Diebold 和 Mariano（1995）针对两个不同模型定义了二次损失函数的差：

$$d_{12t} = g(e_{1t}) - g(e_{2t}) \tag{4-25}$$

在此基础上，定义了一个用于检验的 DM 统计量：

$$DM = \frac{\overline{d}}{\sqrt{\mathrm{var}(\overline{d})}} \tag{4-26}$$

其中，$\overline{d}$ 表示 d_{12t} 的样本均值，$\sqrt{\mathrm{var}(\overline{d})}$ 的定义如式（4-27）所示：

$$\sqrt{\mathrm{var}(\overline{d})} = \frac{\gamma_0 + 2\gamma_1 + \cdots + 2\gamma_q}{\pi - 1} \tag{4-27}$$

其中，π 为预测期数，即检验集样本数，$\gamma_j = \mathrm{cov}(d_t, d_{t-j})$。在原假设成立的条件下，构建的 DM 统计量服从自由度为 $\pi-1$ 的学生氏 t 分布，可以通过 DM 统计量的取值或 p 值判断是否拒绝原假设。

在后续实证分析中，均使用更为常用的 DM 检验进行显著性检验，以评估构建预测方法与基准模型之间的预测精度是否有显著性的差异。

第五章　基于多源混频数据的
游客流量预测研究

本章旨在检验多源混合频率数据在旅游需求预测中的有效性。具体而言，实验数据集中的被预测变量为月度游客流量数据，但预测变量包括日度频率的搜索数据和月度频率的临近区域客流量数据，基于此，构建 MIDAS 模型直接对混频数据进行建模并对预测结果进行评估。

第一节　问题的提出

由于旅游产品的易消失性，旅游需求预测的时效性和准确性是旅游收益管理的关键环节（Weatherford and Kimes，2003），对旅游相关企业以及组织科学合理地分配旅游资源从而保持竞争力具有重要的意义（Song et al.，2008），也有利于引导企业作出长期的投资规划和战略决策。不准确的预测将误导旅游相关企业管理者作出错误的发展规划和决策，造成不必要的资源浪费和经济损失，甚至导致企业的破产（Norsworthy and Tsai，1998）。网民进行信息搜索产生的高频率的网络搜索数据能客观反映游客潜在的旅游需求，有助于提高模型预测精度（Yang et al.，2015；Zhang et al.，2020）。另外，区域旅游需求具有时空相关性特征，所关注目的地的游客流量与周围其他目的地的游客流量一定程度上呈现相关性（Jiao et al.，2020），与航空、铁路等交通需求也可能会呈现一定相关性，因而不同数据源融合下的旅游需求可能面临数据频率不一致的挑战。然而，实际预测时会遇到两个问题：一是传统的预测技术只能处理同频率数据的预测问题，这在一定程度上限制了模型的应用和预测的准确性（Kim and Swanson，2017）。二是数据源中包括网络搜索数据时，大量的关键词解释变量给建模的简约性和灵活性带来了新的挑战，数据冗余和多重共线性也是值得关注的问题。本章在游客流量预测中就这两个问题进行处理。

推拉理论认为，当旅游者产生旅游动机，旅游目的地的吸引力会促使旅游者有针对性地了解旅游目的地的旅游相关情况（Gnoth，1997；Uysal and Jurowski，1994），从而作出相应的旅游决策。随着信息技术的不断发展和互联网技术的全面普及，网络信息搜索与人们日常生活的联系日益密切，已成为游客旅游决策制定和在线交易的重要工具（Tesemmaier et al.，2009；Vila et al.，2018）。与传统意义上的线下信息咨询相比，在线互联网信息查询具有方便快捷、成本低、信息可信度更高等特点（O'Connor，1999），并且信息搜索行为往往在旅游行为之前（Pan et al.，2012），旅游相关企业可以运用这些行为数据对游客将来的活动和消费模式进行预测。消费者在线信息查询一般涉及与旅游相关的各个方面（Kim et al.，2007），例如，从计划旅游一直到完成旅游的各个阶段，会查询与旅游相关的住宿、交通工具、旅游景点、旅游目的地的天气等信息，进而制定相应的旅游决策，当消费者利用搜索引擎对目的地相关信息进行查询时，大量的搜索记录在搜索引擎上累积，这些关键词搜索量数据蕴含了游客对旅游目的地的兴趣和关注，是游客潜在旅游需求的客观反映（Choi and Varian，2012；Fesenmaier et al.，2009）。这些信息搜索被搜索引擎所记录，是旅游需求的先行指标。2019 年 6 月公布的《中国互联网络发展状况统计报告》显示，有超过 80% 的消费者会利用搜索引擎进行信息查询，搜索引擎用户规模高达 6.95 亿；在大量的搜索引擎中，百度搜索引擎在我国的市场份额高达 76.42%。因此，对于我国游客来说，百度搜索引擎的使用频率最高。相比于谷歌，百度搜索数据更能够反映国内游客的搜索行为和关注度，可以看作是客流量的早期信号（Zhang et al.，2017），已有研究表明，网络信息搜索与旅游需求之间具有很强的相关性，网络搜索数据对旅游需求具有良好的预测能力（Choi and Varian，2012；Yang et al.，2015；Zhang et al.，2020）。

已有旅游需求预测研究侧重于对单个旅游目的地、旅游景区或旅游酒店的旅游需求进行预测（Pan et al.，2012；Assaf and Tsionas，2019；Zhang et al.，2020；Li and Law，2020；Assaf and Tsionas，2019），没有考虑区域旅游需求的相关性，事实上，旅游景点在地理上相互关联，游客更喜欢多景点游览（Zheng et al.，2021），区域内各个景点或景区之间也会发生供应上的互动（Yang and Wong，2012；Long et al.，2019；Jiao et al.，2020）。因此，加入临近区域旅游需求的相关信息可能会改善模型预测的准确性（Long et al.，2019；Yang and Zhang，2019）。关于这一问题的实证研究直到最近才出现（Jiao et al.，2020；Zheng et al.，2021）。同时，交通需求是旅游需求的一种潜在反映，对旅游需求具有一定的预示性，本章同时考察交通数据的加入对旅游需求预测的有效性。

然而，在不同数据源的情况下，数据频率的不一致性常常使得研究陷入两难困境。一方面，旅游需求变量一般为月度或更低频率的数据，而百度提供的网络搜索数据为日度或周度数据，更高频率的数据往往蕴含潜在的有价值的特征信息（Ghysels et al.，2007）。另一方面，研究者无法直接使用高频变量。已有研究主要通过简单加权平均或直接求和的方法将高频数据转化为低频数据，从而满足传统预测技术对预测变量的频率一致的要求。然而，这可能不是最优方案，加权平均会损失潜在有用信息，从而导致渐进无效性和不一致的估计，影响预测精度（Andreou et al.，2013；Owyang et al.，2010；Ghysels et al.，2007；Kim and Swanson，2017）。因此，克服如何针对混频数据直接建模以提高模型预测能力，这一挑战显得十分重要。由 Ghysels 等（2004）构建的 MIDAS 预测方法能够很好地处理具有不一致频率数据的预测难题。MIDAS 技术允许预测变量和被预测变量具有不同的抽样频率，从而避免了数据同频处理过程中所引起的样本信息的损失。该方法已广泛应用于各种宏观经济指标预测（Pan et al.，2018；Yuan and Lee，

2020）。

第二个挑战是如何将大量的网络搜索关键词变量代入 MIDAS 模型，同时使得模型保持简约性。这涉及多个指标的聚合并且日益受到学界重视（Brynjolfsson et al.，2016）。已有研究主要采用两种方式将网络搜索数据整合到预测模型中：①利用统计的方法筛选具有预测能力的变量后，直接将关键词变量代入模型（Choi and Varian，2012；Zhang et al.，2017）。②利用简单加权求和或直接求和的方式将多个关键词变量聚合成综合指标（Yang et al.，2015）。这些方法在一定条件下能提高模型预测能力，但在大量的关键词变量情况下，这些方法不再适用。第一种方式由于预测变量过多而容易导致大量信息重复和过拟合问题（Varian，2014），解释变量过多导致的参数扩散问题可能更为明显（Owyang et al.，2010）。第二种方式会导致关键词变量信息的损失，影响预测的精度（Li et al.，2017）。利用因子分析或主成分分析等方法抽取综合指标可以起到降维的目的（Li et al.，2015），这种降维方式能够从大量变量中抽取少数几个共同因子（Stock and Watson，2002），使用这些因子进行预测有助于提高模型预测精度（Kim and Swanson，2017）。本章综合皮尔森交叉相关分析和因子模型从高频关键词变量中抽取特征信息用于旅游需求预测。

为解决上述提出的问题，本章检验在 MIDAS 框架下使用多源混合频率数据是否能改善旅游需求预测精度。为达到这个目的，以海南三亚为案例，收集 2011 年 1 月至 2020 年 12 月与目的地相关的网络搜索数据、交通数据以及与三亚相邻城市的旅游需求数据。为保证建模的简约性，综合皮尔森交叉相关分析和因子分析从网络搜索关键词变量中提取公共因子，将每个公共因子代入 MIDAS 模型估计参数并进行预测，然后使用预测合并技术对单因子 MIDAS 模型的预测结果进行综合得到最终预测值，最后考察在 MIDAS 模型中加入其他数据源是否能改善模型的预测精度。具体而言，分三种情况进行实证分析：①将网络搜索指数和游客流量的历史观测数据代入 MIDAS 模型进行合并预测。②在第一种情况的基础上，加入临近城市的月度游客流量数据，作为模型的输入集进行预测实验。③在第一种情况的基础上，加入月度交通数据进行预测实验。通过对上述三种情况进行评估，验证新数据源的加入是否能有效改善模型预测精度，进而验证多数据源的融合是否能有效改善旅游需求预测性能。

不同于已有研究，本章的创新之处主要体现在三个方面：一是针对传统模型只能处理等频数据预测问题，构建 MIDAS 框架直接对多源混频数据以一种节约而灵活的方式进行建模，以降低模型预测误差率。二是为保持简约性，在 MIDAS 框架下，利用因子模型从大量网络搜索数据中提取公共因子，并利用预测合并技术对单因子的 MIDAS 模型预测值进行预测合并，以进一步改善模型预测能力。三是评估交通数据和临近区域客流量数据的融入是否会改善模型预测能力。

后文安排如下：第二节针对混频数据构建 MIDAS 预测方法，第三节进行实证分析，包括数据获取及预处理、数据分析以及预测结果与讨论。实证分析包含四个部分：第一部分利用历史客流量和网络搜索数据对三亚接待游客流量进行合并预测；第二部分在第一部分的基础上加入万宁接待游客流量数据进行预测实验，以评估临近区域客流量数据的加入是否有助于改善模型预测精度；第三部分在第一部分的基础上加入飞机起降架次变量进行预测实验，以评估交通数据的加入是否能改善模型的预测精度；第四部分为稳健性分析。第四节对本章内容进行小结。

第二节 预测方法及预测框架构建

本节详述具体的预测方法，包括 MIDAS 模型构建、权重方案选择、合并预测方法以及预测评估，然后构建本章的预测框架。

一、MIDAS 模型构建

Ghysels 等（2004）基于分布滞后模型理论提出的 MIDAS 方法能通过简单且灵活的方式对混频数据直接进行建模。假设海南三亚接待月度客流量为 y_t^M，预

测变量为 $F^D_{\vartheta,t}$，M 和 D 分别表示月度和日度频率，ϑ 表示每个月的抽样频率。预测变量为通过因子分析得到的网络搜索综合指数。由于旅游需求可能存在自相关性，在模型中引入被解释变量的滞后项以提高模型预测的有效性。根据 Ghysels 等（2004）的定义，本章构建如式（5-1）所示的 h 步向前预测的自回归 MIDAS 预测模型：

$$y^{M,\,h}_{t+h} = \mu^h + \sum_{j=0}^{p^M_y-1} \rho^h_{j+1} y^M_{t-j} + \beta^h \sum_{j=0}^{q^D_F-1} \sum_{i=0}^{\vartheta-1} \omega^{\theta^h}_{t+j\times\vartheta} F^D_{\vartheta-i,\,t-j} + u^h_{t+h} \tag{5-1}$$

上述 MIDAS 模型具有一个常数项 μ^h，u^h_{t+h} 表示与时间有关的扰动项。式（5-1）右边的第二项是传统意义上的被预测变量 $y^{M,h}_{t+h}$ 的 p^M_y 个月滞后的自回归项，ρ^h_{j+1} 为自回归项的待估计系数。式（5-1）右边第三项实质上是高频预测变量的 $q^D_F \times \vartheta$ 阶滞后项，如果滞后预测变量的影响在一段时间后单调递减，则该表达式是一种有用的简约表示（Bangwayo-Skeete and Skeete，2015）。β^h 为高频变量的待估系数，其中，高频预测变量前面的系数 $\omega^{\theta^h}_{t+j\times\vartheta}$ 尤其值得注意，它是一种加权方案，如果使用了标准化的权重，则权重之和为 1，通过该方案将减少要估计的参数数量，进而得到一个更简约的模型。MIDAS 的参数通过非线性最小二乘法进行估计，被预测变量和高频变量的滞后阶数采用赤池信息（Akaike Information Criterion，AIC）准则和贝叶斯信息（Bayesian Information Criterion，BIC）准则进行确定。

在 MIDAS 模型中，除了引入预测变量 y 的滞后变量外，我们还特别关注高频预测变量 F 的信息，该指标在低频被预测变量 y_t 的采样周期 $[t-1, t]$ 内采样 ϑ 次。图 5-1 是 MIDAS 预测的时间轴线，该图显示了可用于预测 $t+1$ 时刻的游客流量的数据信息，直观而简单地呈现了一步向前预测的逻辑，更为一般的对多步向前预测的推广是显而易见的。我们假设在 t 时刻对 $t+1$ 时刻的游客流量预测感兴趣，在时间轴上圈出了 $t+1$ 时刻的需要预测的点。预测实验可以使用 t 时刻之前的所有可用信息，如时间轴的灰色部分所示。时间轴线的黑色部分显示了时间 $[t, t+1]$ 期间可用的更新的信息。该信息与 $t+1$ 时刻的游客流量有关联，可用于实时预报（Gómez-Zamudio and Ibarra-Ramírez，2017），本章对此不予讨论，仅利用构建的 MIDAS 模型和时间线上灰色部分指定的数据进行样本外预测实验。

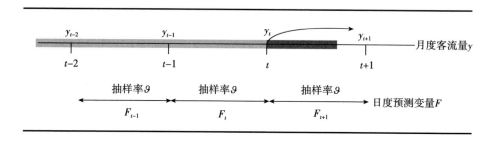

图 5-1 MIDAS 模型预测时间轴线

要验证交通数据或临近城市客流量数据等月度变量的加入是否会改善模型预测精度，只需要在式（5-1）的基础上加入月度变量的当期及滞后项即可，具体可以表示为式（5-2）：

$$y_{t+h}^{M,h} = \mu^h + \sum_{j=0}^{p_y^M - 1} \gamma_{j+1}^h \tilde{y}_{t-j}^M + \sum_{j=0}^{p_y^M - 1} \rho_{j+1}^h y_{t-j}^M + \beta^h \sum_{j=0}^{q_F^D - 1} \sum_{i=0}^{\vartheta - 1} \omega_{t+j\times\vartheta}^{\theta^h} F_{\vartheta-i,\ t-j}^D + u_{t+h}^h \qquad (5-2)$$

其中，$\tilde{y}$ 表示新加入的交通数据或临近城市的客流量数据。

二、权重方案选择

为了减少待估计参数的数量并保证建模的简约性和灵活性，Ghysels 等（2007）给出了可以利用的 5 种加权方案。

1. 无限制权重方案

根据 Foroni 等（2011）的建议，U-MIDAS 是式（5-1）的无限制版本，每个高频滞后都有自己的系数可估算，并且估计单个系数不受约束，可以使用简单的回归程序，但如果高频变量滞后阶数或抽样率较大，估计的参数会急剧增加。因此，该加权方案适用于 q_F^D 或 ϑ 取值较小的情形，如对于年度与季度或季度与月度频率数据的混合。

2. Beta 概率密度函数

Ghysels 等（2004）认为，采用 Beta 概率密度函数作为权重函数，在大多数情况下能够得到最低的预测误差率。另外，该权重函数仅需要少量参数就能描绘出各种分布形状，由于其简约的表示和灵活的形状而在预测研究中被大量应用（Ghysels et al.，2007；Li et al.，2017）。2 个参数的 Beta 权重函数形式如式（5-3）所示：

$$\omega_i(k, \theta_1, \theta_2) = \frac{f\left(\dfrac{k}{v}, \theta_1, \theta_2\right)}{\sum_{j=1}^{v} f\left(\dfrac{j}{v}, \theta_1, \theta_2\right)} \tag{5-3}$$

其中，

$$f(i, \theta_1, \theta_2) = \frac{i^{\theta_1-1}(1-i)^{\theta_2-1}\Gamma(\theta_1+\theta_2)}{\Gamma(\theta_1)\Gamma(\theta_2)} \tag{5-4}$$

θ_1，θ_2 为确定函数形状的超参数，并且

$$\Gamma(\theta_\xi) = \int_0^\infty e^{-i} i^{\theta_\xi-1} di \tag{5-5}$$

为标准形式的 Γ 函数。当 $\theta_1 = \theta_2 = 1$ 时，退化为简单的等权重加权方案。

3. 标准化指数 Almon 滞后多项式

标准化指数 Almon 滞后多项式由两个参数组成，其表达式如式（5-6）所示：

$$\omega_i(\theta_1, \theta_2) = \frac{\exp(\theta_1 i + \theta_2 i^2)}{\sum_{i=1}^{v} \exp(\theta_1 i + \theta_2 i^2)} \tag{5-6}$$

与前面的加权方案类似，第二个参数可以限制为 0，即式（5-6）可以设置为 $\omega_i(\theta_1, 0)$。

4. Almon 滞后多项式与阶数 P

Almon 滞后多项式无法识别式（5-1）中的参数 β，其表达式如式（5-7）所示：

$$\beta\omega_i(\theta_0, \theta_1, \cdots, \theta_p) = \sum_{p=0}^{P} \theta_p i^p \tag{5-7}$$

多项式阶数 P 可以由研究者自行选择（Gómez-Zamudio and Ibarra-Ramírez, 2017）。

值得注意的是，也可以将权重改写为如式（5-8）所示的矩阵形式：

$$\begin{bmatrix} \omega_1 \\ \omega_2 \\ \omega_3 \\ \vdots \\ \omega_N \end{bmatrix} = \begin{bmatrix} 1 & 0 & 0 & \cdots & 0 \\ 1 & 1 & 1 & \cdots & 1 \\ 1 & 2 & 2^2 & \cdots & 2^P \\ 1 & 3 & 3^2 & \cdots & 3^P \\ \vdots & \vdots & \vdots & \vdots & \vdots \\ 1 & N & N^2 & \cdots & N^P \end{bmatrix} \begin{bmatrix} \theta_0 \\ \theta_1 \\ \vdots \\ \theta_p \end{bmatrix} \tag{5-8}$$

因此，在 MIDAS 模型中使用 Almon 滞后多项式时，可以通过 OLS 来实现权重参数的估计，一旦通过 OLS 对权重参数进行了估计，就可以进一步获得模型的系数值。

5. 阶梯函数的多项式（未标准化）

带阶梯函数（分段常值函数）的多项式也无法识别参数 β，其表达式如式（5-9）所示：

$$\beta\omega_i(\theta_0, \theta_1, \cdots, \theta_p) = \theta_1 I_{i\in[a_0,a_1]} + \sum_{p=2}^{P} \theta_p I_{i\in[a_{p-1},a_p]} \tag{5-9}$$

其中，函数 $I_{i\in[a_{p-1},a_p]}$ 的表达式如式（5-10）所示：

$$I_{i\in[a_{p-1},a_p]} = \begin{cases} 1, & a_{p-1} \leqslant i \leqslant a_p \\ 0, & \text{其他} \end{cases} \tag{5-10}$$

其中，$a_0 = 1 < a_1 < \cdots < a_P = N$。

除 U-MIDAS 和 Almon 滞后多项式外，上述其他权重方案均采用非线性最小二乘法估计。指数 Almon 滞后多项式和 Beta 概率函数在表达式上足够灵活，可以适应各种形状的权重方案，如可以适应缓慢下降、快速下降或驼峰形状的模式（Ghysels et al.，2007）。但 U-MIDAS 和阶梯函数的多项式方案灵活性较差。因此，U-MIDAS 和阶梯函数的多项式方案可能导致权重的非单调性。根据 Ghysels 等（2004）的建议，为简单起见，本章采用带两个参数的 Beta 概率密度函数作为加权方案。

三、合并预测方法

为充分利用各个数据源的信息，同时没有增加模型估计的参数，保持模型的简约性，则引入预测合并技术对单变量 MIDAS 的预测结果进行合并。已有研究一致认为，利用预设的权重规则进行预测合并能够改进单个模型的预测精度（Timmermann and Allan，2006），能够处理模型的不稳定和结构突变等问题（Stock and Watson，2004）。

令 $\hat{y}_{i,t+h|t}$ 表示第 i 个 MIDAS 模型在 t 时刻的 h 步向前时域的预测值，则合并预测为 l 个单变量 MIDAS 模型的预测值的加权平均，具体如式（5-11）所示：

$$f_{t+h|t} = \sum_{i=1}^{l} \omega_{i,t} \times \hat{y}_{i,t+h|t} \tag{5-11}$$

其中，ω 表示权重。已有研究通常使用简单等权重赋权、BIC 准则赋权、MSE 赋权以及贴现 MSE（Discounted MSE，DMSE）赋权四种赋权方法（Stock and Watson，2004；Andreou et al.，2011）。

1. 简单等权重赋权

简单等权重赋权是利用简单等权重加权的方式计算最终预测值。该方案计算合并预测时，不考虑各个预测模型中单个预测模型预测值的历史表现，使用常数 $\omega_{i,t} = \dfrac{1}{l}$ 作为权重值。虽然等权重赋权方案简单易行，但由于未能充分利用各个模型历史预测信息，因而实际使用过程中无法达到令人满意的最终预测值。

2. BIC 准则赋权

BIC 准则又称贝叶斯信息准则，与 AIC 准则（赤池信息准则）类似，用于模型的选择。其定义式为 $BIC = k\ln(n) - 2\ln(L)$，其中，n 为样本容量，L 为似然函数。BIC 准则赋权方法为时变权重，该方法利用了各个模型 BIC 的相关信息，其定义如式（5-12）所示：

$$\omega_{i,t} = \frac{\exp(-BIC_{i,t})}{\sum_{i=1}^{l} \exp(-BIC_{i,t})} \tag{5-12}$$

3. MSE 赋权

MSE 赋权法利用了每个模型预测的 MSE 信息，为时变赋权方法，其定义如式（5-13）所示：

$$\omega_{i,t} = \frac{m_{i,t}^{-1}}{\sum_{i=1}^{l} m_{i,t}^{-1}} \tag{5-13}$$

其中，$m_{i,t}$ 的定义如式（5-14）所示：

$$m_{i,t} = \sum_{i=T_0}^{t} (y_{s+h}^h - \hat{y}_{i,s+h|s}^h)^2 \tag{5-14}$$

其中，T_0 为第一个样本外观测值，$\hat{y}_{i,s+h|s}^h$ 表示样本外预测值。可以看出，第 i 个模型的 MSE 的值越小，赋予的权重越大。

4. 贴现 MSE 赋权

贴现 MSE（DMSE）赋权法是在 MSE 的基础上，在误差项的平方项前面乘以一个贴现因子 δ，具体定义与 MSE 赋权法类似，$\omega_{i,t}$ 的定义如式（5-13）所示，而 $m_{i,t}$ 的定义如式（5-15）所示：

$$m_{i,t} = \sum_{i=T_0}^{t} \delta^{t-i} (y_{s+h}^h - \hat{y}_{i,s+h|s}^h)^2 \tag{5-15}$$

可以发现，当贴现因子 $\delta = 1$ 时，DMSE 赋权法变成了 MSE 赋权法。本章采用 DMSE 赋权。相对于其他赋权方法，该方法对预测精度改善的贡献度最高（Andreou et al.，2013；Stock and Watson，2004）。DMSE 方法通过计算合并预测权重来说明每个预测模型的历史预测值，高贴现因子将更大的权重附加到单个模型的近期预测精度上。

四、预测评估

（一）基准模型设置

为了评估构建的 MIDAS 模型的预测性能，引入 ARIMA 模型、SVR 模型以及单变量的 MIDAS 模型作为基准模型。

1. ARIMA 模型

ARIMA 模型基于游客流量 y_t 的历史观测进行预测，ARIMA 定义如式（5-16）所示：

$$(1 - \sum_{i=1}^{p} \varphi_i L^i)(1 - L)^d y_t = (1 + \sum_{i=1}^{q} \theta_i L^i)\varepsilon_t \qquad (5-16)$$

其中，L 表示滞后算子。$d \in \mathbb{Z}^+$，p，q 为滞后阶数。

变量的滞后阶数 p，q 可以使用 AIC 准则、BIC 准则共同确定。AIC 准则是由日本统计学家 Akaike 在 1973 年提出的，它是拟合精度和参数个数的加权函数，BIC 准则是 Schwartz 在 1978 年根据 Bayes 理论提出的判断准则，在进行 ARIMA 参数的选择时，AIC 准则和 BIC 准则的提出可以有效弥补根据自相关图和偏自相关图进行定阶的主观性，在有限的阶数范围内帮助寻找相对最优拟合模型。模型的参数 φ_i，θ_i 通过最小二乘法进行估计。

2. SVR 模型

SVR 模型实质上是由 Vapnik 等（1995）开发的 SVM 的回归版本，是一种机器学习方法，在小样本情况下具有良好的非线性预测能力。就一般的回归问题而言，假设给定训练样本 $D = \{(x_1, y_1), (x_2, y_2), \cdots, (x_n, y_n)\}$，其中，$y_i \in R$，$x_i \in R^p$，$R$ 表示预测变量的个数。期望学习到一个函数 $f(x)$ 使得其与实际观测值 y 尽可能地接近，w，b 分别表示待确定的权重参数和偏置度。在这个模型中，只有当 $f(x) = y$ 时，损失才为 0，即完美状态，而支持向量回归假设能够容忍的 $f(x)$ 与 y 之间的最大偏差为 ϵ，当且仅当 $|f(x) - y| > \epsilon$ 时，才计算损失，此时相当于以 $f(x)$ 为中心，构建一个宽度为 2ϵ 的间隔区域，如果训练的样本位于此区域，则可以认为预测是正确的。因而，SVR 模型可表示为如式（5-17）所示的优化问题：

$$\min_{w, b} \frac{1}{2}\|w\|^2 + C\sum_{i=1}^{n} \ell_\epsilon(f(x_i) - y_i) \qquad (5-17)$$

其中，ℓ_ϵ 表示损失函数，其定义如式（5-18）所示：

$$\ell_\epsilon(z) = \begin{cases} 0, & |z| \leq \epsilon \\ |z| - \epsilon, & |z| > \epsilon \end{cases} \tag{5-18}$$

引入松弛因子 ξ_i，$\overline{\xi}_i$ 后，上述优化问题可以改写为式（5-19）：

$$\min_{w, b, \xi_i, \overline{\xi}_i} \frac{1}{2} \|w\|^2 + C \sum_{i=1}^{n} (\xi_i + \overline{\xi}_i) \tag{5-19}$$

上述优化问题需要满足如式（5-20）所示的约束条件：

$$\text{s. t.} \begin{cases} f(x_i) - y_i \leq \epsilon + \xi_i \\ y_i - f(x_i) \leq \epsilon + \overline{\xi}_i \\ \xi_i \geq 0, \ \overline{\xi}_i \geq 0 \end{cases} \tag{5-20}$$

其中，i=1，2，…，n。

为求解上述带约束条件的优化问题，需要引入拉格朗日乘子，进而构建拉格朗日函数如式（5-21）所示：

$$\mathcal{L}(w, b, \xi_i, \overline{\xi}_i, \alpha_i, \overline{\alpha}_i, \mu_i, \overline{\mu}_i) = \frac{1}{2} \|w\|^2 + C \sum_{i=1}^{n} (\xi_i + \overline{\xi}_i) - \sum_{i=1}^{n} \mu_i \xi_i +$$

$$\sum_{i=1}^{n} \overline{\mu}_i \overline{\xi}_i + \sum_{i=1}^{n} \alpha_i (f(x_i) - y_i - \epsilon - \xi_i) + \sum_{i=1}^{n} \overline{\alpha}_i (y_i - f(x_i) - \epsilon - \overline{\xi}_i) \tag{5-21}$$

通过对上述方程求偏导数并求解 SVR 的对偶问题，即可得到如式（5-22）所示的 SVR 模型的解：

$$f(x) = \sum_{i=1}^{n} (\overline{\alpha}_i - \alpha_i) x_i^T x + b \tag{5-22}$$

其中，b 可以表示为式（5-23）：

$$b = y_i + \epsilon - \sum_{i=1}^{n} (\overline{\alpha}_i - \alpha_i) x_i^T x \tag{5-23}$$

由于 SVR 模型具有良好的非线性预测能力，因而该模型也作为基准模型之一，模型的输入变量与 MIDAS 的输入变量一致，但公共因子高频变量需要通过简单加权求和的方式转化为与被预测变量频率一致的低频变量。另外，模型的三个超参数通过遗传算法进行优化。

3. 单变量的 MIDAS 模型

MIDAS 中除了被预测变量的历史观测以外，包含单个公共因子变量的 MI-

DAS 模型也作为基准模型用于评估合并预测的有效性。对应的 MIDAS 基准模型分别记为 $MIDAS\text{-}F_i$。所有 MIDAS 类型的模型中的滞后阶数通过 AIC 和 BIC 准则确定，参数通过非线性最小二乘法进行估计。

（二）预测性能指标选择与显著性检验

为进一步验证模型预测精度，引入 RMSE、MAPE 以及 Adj. R^2 三个指标作为预测性能的度量，其定义见式（4-14）、式（4-16）和式（4-19）。绝对指标 RMSE 的值越小，模型预测越精确。MAPE 为相对指标，其值越接近 0%，模型预测精度越高。Adj. R^2 的值越接近 1，表示模型解释数据变异程度越强，模型越可信。

性能指标能够从直观上看出各个模型之间预测精确度或拟合数据能力的差异，但这种差异是否在统计意义上显著，还需要进一步的显著性检验，本章利用 DM 检验对预测模型与基准模型之间的预测性能进行分析，DM 检验的基本原理与方法在第四章已经做了详细的介绍。

五、本章预测框架

根据第四章的实证分析框架，本章通过 5 个步骤构建基于 MIDAS 模型的实证分析框架（如图 5-2 所示），在此框架下进行预测实验，首先，需要获取不同数据源的数据，包括网络搜索数据、交通数据以及临近城市的客流量数据。为消除异常值的影响并对高频数据进行规范化处理，需要对变量进行预处理，进而构建本章实验数据集。为构建 MIDAS 模型，需要对数据进行降维，并进行平稳性分析和描述性统计分析。其次，将得到的不同数据源的变量代入 MIDAS 模型进行预测检验。最后，根据预测结果进行预测评估。具体操作步骤如下：

步骤 1：数据收集。根据 Zhang 等（2020）的方法，利用百度提供的搜索引擎自动推荐技术获取与旅游目的地相关的基准关键词，这些基准关键词包括了与目的地旅游六要素相关的各方面信息查询，能够客观反映旅游者的公共意愿和关注。然后循环查询与基准关键词相关的其他关键词并组成备用关键词库。

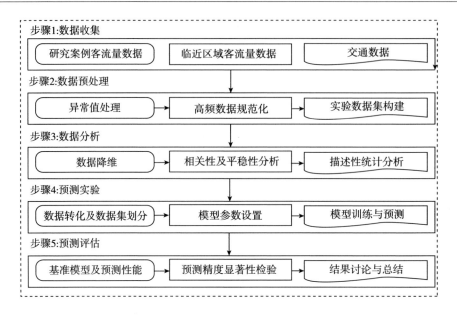

图 5-2　本章预测实验的逻辑框架

步骤 2：数据预处理。首先，获取备用关键词库里所有关键词的日度搜索量数据。为初步筛选出具有一定预测能力的变量，需要剔除不相关的关键词。为达到此目的，为皮尔森相关系数设置较低的阈值 χ，利用皮尔森交叉相关分析找出与被预测变量相关的搜索数据并组成初始实验数据集（Zhang et al.，2017）。皮尔森交叉相关分析要求变量间频率一致，需要对关键词变量利用平均加权的方式转换成月度数据再进行相关分析，设置较低阈值是为了尽可能地充分利用关键词变量信息。其次，获取交通月度数据和临近城市接待月度客流量数据。最后，对所有异常值利用趋势平滑方法进行替换，同时对关键词变量进行趋势平滑处理以消除噪声的影响，改善关键词变量与被预测变量之间的相关性（Claveria and Torra，2014；Zhang et al.，2020）。

步骤 3：数据分析。对所有变量进行描述性统计分析，以考察各个变量的基本特征。考虑到模型对变量平稳性的要求，对所有变量进行 ADF 单位根检验，对不平稳的数据进行差分转换。利用因子模型从所有关键词变量中抽取公共因子。考虑到模型对高频变量在每个月的抽样率相等的要求，每个因子每个月按30天计算，如果有31天，取最后两天的平均值作为第30天的数据。由于2月为28天或29天，利用插值的方法对2月的数据进行补充。利用式（4-11）对调整后的公共因子、交通数据、临近城市的客流量和被预测变量进行标准化处理，最终形成实验数据集。

步骤4：预测实验。将实验数据集分成训练集和检验集两部分，分别用于模型估计和预测检验，将单个公共因子分别代入MIDAS进行预测实验，对各个单因子的MIDAS模型预测结果进行预测合并。在单个公共因子MIDAS模型的基础上，分别将交通数据和临近城市的客流量数据加入MIDAS模型进行进一步的预测实验，并将各个模型预测结果进行合并，进而评估其他数据源的加入是否有助于改善模型预测性能。

步骤5：预测评估。利用预测性能度量指标和DM检验，对构建的预测方法与基准模型之间的预测精度是否有显著差异进行评估。

第三节　案例分析

一、数据获取及预处理

为验证构建预测方法的有效性，本章以海南三亚为案例进行实证分析。三亚是具有热带海滨风景特色的国际旅游城市。2019年，三亚接待过夜游客人数2396.33万人次，比上年增长10.00%；旅游饭店平均开房率为71.81%，比上年提高0.36个百分点，旅游发展势头向好。三亚接待月度客流量数据来源于海南省旅游和文化广电体育厅官方网站（http：//lwt.hainan.gov.cn/），受新冠肺炎疫情的影响，数据收集时间范围为2011年1月至2019年12月。另外，选择三亚飞机起降架次和临近的万宁接待客流量作为补充数据源，以便进一步验证不同数据源的加入是否会改善模型的预测性能。三亚机场飞机起降架次数据来源于万得资讯，万宁接待客流量数据来源于海南省旅游和文化广电体育厅官方网站。

网络搜索数据来自百度指数。根据构建预测框架的步骤 1，考虑到三亚为海南的核心旅游城市，搜索与海南和三亚旅游相关的关键词，这些关键词包括食宿、交通、景点、购物、娱乐等信息，最终收集到 58 个关键词组成备用关键词库。

根据预测框架的步骤 2，收集 58 个关键词从 2011 年 1 月至 2019 年 12 月的日度搜索量时序数据。为进行皮尔森交叉相关分析，利用简单加权求和的方式将日度搜索指数转化为月度数据。为筛选出具备预测能力的关键词变量，通过皮尔森交叉相关分析对被预测变量与每个关键词预测变量的 0~12 阶滞后变量之间的相关系数进行分析，选择滞后阶数的最大值为 12 是考虑月度数据的周期性。为减少信息损失，将相关系数的阈值 χ 设置为 0.75，保留 $\chi \geq 0.75$ 的 15 个关键词变量，并将其与飞机起降架次、万宁接待客流量一起组成初始试验数据集。所有关键词变量、飞机起降架次以及万宁接待客流量与被预测变量的相关分析结果见表 5-1。该表显示，信息搜索项与三亚接待月度客流量之间存在很强的相关性，三亚飞机起降架次和万宁接待客流量与被预测变量之间的最大相关系数也在 0.83 以上，前一个月的客流量与当月的客流量之间的相关系数高达 0.852，相关系数显著异于 0 并且大多数变量的最优滞后阶数为 11 和 12，表明对这些变量的信息搜索行为发生在旅游行为之前，能够提前预示月度客流量的波动。

表 5-1　各个变量与被预测变量之间的皮尔森相关分析

变量	相关系数	滞后数	变量	相关系数	滞后数
前一个月客流量（y_{-1}）	0.852***	1	三亚南山寺（x_9）	0.818***	12
海南地图（x_1）	0.882***	9	三亚天气（x_{10}）	0.813***	12
海南椰子（x_2）	0.866***	11	海口特产（x_{11}）	0.812***	12
三亚免税店（x_3）	0.865***	12	三亚天气预报（x_{12}）	0.808***	12

续表

变量	相关系数	滞后数	变量	相关系数	滞后数
三亚特产（x_4）	0.859***	11	海南天气（x_{13}）	0.789***	12
海南景点（x_5）	0.850***	12	五指山（x_{14}）	0.782***	11
三亚天气预报（x_6）	0.826***	11	海南水果（x_{15}）	0.774***	11
琼海（x_7）	0.821***	11	飞机起降架次（x_{16}）	0.894***	12
三亚景点（x_8）	0.819***	10	万宁接待客流量（x_{17}）	0.837***	12

注：①表中仅呈现最大滞后阶数及对应的相关系数；② ***、**、*分别表示在1%、5%和10%的水平上显著。

图5-3进一步直观呈现了15个关键词变量中的"海南水果"和"三亚南山寺"两个日度关键词变量与三亚接待月度客流量之间的变动趋势，从该图可以看出，日度关键词变量与月度客流量之间表现出一致的波动特征和紧密的关联性。受季节性的影响，客流在每年的1月和8月左右会出现峰值，而网络信息搜索也

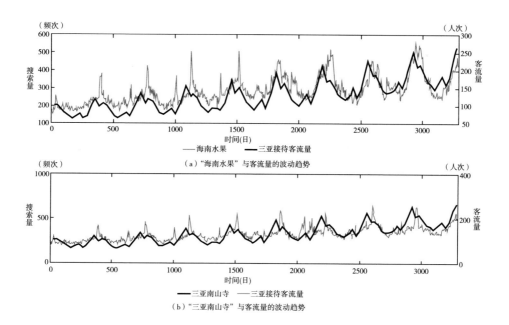

图5-3　日度关键词"海南水果""三亚南山寺"与月度客流量之间的波动趋势

呈现出类似的特征。但在局部范围不同关键词的波动特征又具有异质性，这意味着不同关键词从不同的侧面反映了游客潜在的旅游需求意愿，为客流量预测提供了不同的特征信息。因此，有必要进一步探索这些高频数据在旅游需求预测中的有效性。为此，本书利用因子模型从各个关键词变量中抽取特征信息，然后利用抽取的综合因子进行预测实验。

图 5-4 显示了三亚临近旅游城市万宁接待客流量以及三亚机场飞机起降架次两个变量与被预测变量的波动趋势。从该图可以看出，万宁接待客流量以及三亚机场飞机起降架次两个变量与三亚接待客流量之间呈现相似的周期性波动和趋势性，这一定程度上体现了临近区域客流量具有时空相关性特征，且已有研究表明，加入时空相关性数据能改善模型预测性能（Huang and Zheng，2021）。本章进一步探索临近区域客流量和交通数据的加入对旅游需求预测精度的影响。

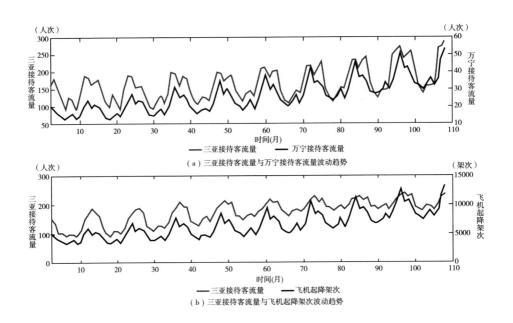

图 5-4　万宁接待客流量和飞机起降架次与三亚接待客流量之间的波动趋势

二、数据分析

由于日度关键词变量存在大量异常值，故先将所有的异常值用均值法进行替换，同时利用趋势平滑的方法消除日度关键词变量的噪声信息（Claveria and Torra，2014）。考虑到模型对数据平稳性的要求，根据预测框架的步骤3，对选择的15个关键词变量、万宁接待客流量、飞机起降架次和被预测变量进行描述性统计分析和平稳性分析，本章利用 ADF 单位根检验分析变量的平稳性，描述性统计分析和单位根检验结果如表 5-2 所示。ADF 单位根检验结果（表 5-2 的最后两列）显示，除"三亚接待客流量""万宁接待客流量""海南椰子"以及"海南水果"四个变量在 5%水平拒绝存在单位根的原假设以外，其他所有变量均在1%水平拒绝原假设，证明所有变量满足平稳性要求。

表 5-2　变量的基本描述性统计分析和 ADF 检验

变量	样本	均值	标准差	最小值	最大值	ADF	结论
三亚接待客流量	108	129.75	44.61	63.76	267.68	-3.977**	平稳
万宁接待客流量	108	33.06	9.30	18.35	57.88	-3.543**	平稳
飞机起降架次	108	8634.31	1960.18	4477	11950	-5.350***	平稳
海南地图	3287	1299.60	486.74	584	5856	-4.903***	平稳
海南椰子	3287	182.06	54.05	68	425	-2.980**	平稳
三亚免税店	3287	1553.91	685.90	149	5512	-4.403***	平稳
三亚特产	3287	337.37	774.35	167	543	-3.720***	平稳
海南景点	3287	271.62	42.08	180	645	-7.072***	平稳
三亚天气预报	3287	2538.06	2047.22	501	17714	-4.271***	平稳
琼海	3287	986.47	331.03	427	2790	-4.406***	平稳
三亚景点	3287	630.83	348.04	223	3182	-4.434***	平稳
三亚南山寺	3287	306.50	77.59	171	880	-5.897***	平稳
三亚天气	3287	9882.84	7236.86	1167	82851	-4.808***	平稳
海口特产	3287	170.80	27.21	78	278	-5.874***	平稳
三亚天气预报15天	3287	795.33	462.61	127	4012	-5.301***	平稳

续表

变量	样本	均值	标准差	最小值	最大值	ADF	结论
海南天气	3287	2803.67	1789.14	545	25486	−6.528***	平稳
五指山	3287	951.62	301.47	337	2868	−4.512***	平稳
海南水果	3287	358.28	104.88	183	670	−2.924**	平稳

注：***、**、*分别表示在1%、5%和10%的水平上显著。

为了达到降维的目的，同时保证简约性，采用因子分析方法从15个关键词变量中提取特征信息，最终得到2个公共因子，分别记为F_1和F_2，这两个公共因子的累计方差占比为85.74%，解释了原始变量大部分信息，可以用于进一步的预测实验。

由于公共因子变量每个月的天数不一致，根据步骤3将公共因子变量每个月的样本量调整为30天，调整后的公共因子（F_1，F_2）、前一日客流量（y_{-1}）、飞机起降架次（x_{16}）、万宁接待客流量（x_{17}）和被预测变量（y）组成实验数据集：$\wp = \{y_{-1}, F_1, F_2, x_{16}, x_{17}; y\}$。其中，前一日客流量数据在各种预测实验中始终被作为预测变量之一。由于三类数据不同源，且量纲和数量级不一致，本章利用Z-score标准化方法对数据进行标准化处理，实验结束后需要进行逆变换得到实际预测值。为进行预测实验，将实验数据集分为两部分，最初的2011年1月至2018年12月的数据为训练集，用于模型估计；2019年1月至2019年12月的数据为测试集，用于模型检验。

三、预测结果与讨论

实证分析包括四个部分：第一部分利用历史客流量和两个公共因子作为模型预测变量，对三亚客流量进行预测；第二部分在历史客流量和公共因子的基础上加入万宁接待客流量进行预测，检验临近区域的客流量的加入是否能改善预测精度；第三部分在历史客流量和公共因子的基础上加入飞机起降架次变量进行预测，检验飞机起降架次这一交通数据的加入是否能改善模型预测精度；第四部分为稳健性分析。

（一）基于网络搜索指数的预测结果与讨论

该部分就网络搜索高频数据的加入是否有助于客流量预测进行分析与讨论。为此，将包含公共因子 F_1 和 F_2 的单因子 MIDAS 模型分别记为 MIDAS-F1 和 MIDAS-F2，合并预测模型记为 MIDAS-C，该模型的预测结果实质上是两个单因子 MIDAS 模型预测结果的加权平均值。预测实验过程中所有模型均使用滚动窗口（Rolling Window）方案。本章讨论单步和多步向前时域预测（$h=1$，3，6，10），所有 MIDAS 模型中被预测变量和两个高频因子变量的滞后阶数均使用 AIC 和 BIC 准则综合确定，模型加权方案中仅估计 Beta 函数中的两个参数，所有 MIDAS 模型的参数均采用非线性最小二乘方法进行估计。

图 5-5 给出了检验集上各个模型分别在 1 步、3 步、6 步和 10 步向前时域的预测结果。该图显示，各个模型的预测曲线与接待客流量曲线偏离均较小，意味着各个模型在检验集上的拟合效果较好。其中，MIDAS-C 在绝大多数月份与观测值的偏离更小，这表明本章构建的预测方法预测误差率更小，但在 2019 年的 8

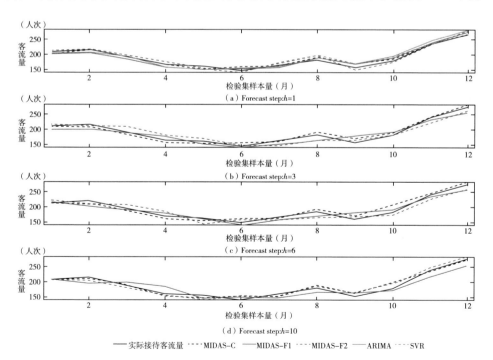

图 5-5　不同模型在检验集上的 h 步向前时域预测结果对比（历史客流量+搜索指数）

月和 12 月，各个模型的预测结果与实际值的偏离有增大趋势，意味着在这几个月各个模型的拟合效果有所减弱。为了进一步说明各个模型在检验集上不同预测时域的预测能力，需要分别在检验集上计算各个模型的 RMSE、MAPE 和 Adj. R^2 三个性能指标在各个预测步长上的值并进行对比。

表 5-3、表 5-4 分别给出了检验集上各个模型的 h （$h = 1$，3，6，10）步向前预测的 RMSE 及 MAPE 值的对比，每步上的最佳指标用加粗表示，IR 表示与基准模型相比，MIDAS-C 模型在各个指标上的改进率。从表 5-3 和表 5-4 能够得到如下信息：首先，当 $h = 1$，3，6，10 时，MIDAS-C 在 RMSE 和 MAPE 两个指标上的值均最小。当 $h = 1$，3，10 时，ARIMA 模型在 RMSE 和 MAPE 两个指标上的值最大，当 $h = 6$ 时，SVR 模型在两个指标上的值最大。其次，在各个预测步长上，MIDAS-C 的 RMSE 和 MAPE 指标值均小于单个公共因子变量的 MIDAS-F1 和 MIDAS-F2 模型。最后，从 IR 指标上看，与基准模型相比，本章针对混频数据构建的模型在两个性能度量指标值上均有所改进，即在各个预测步长上预测精度均有不同程度的提高，并且 MIDAS-C 模型在各个步长上的表现较为稳定，ARIMA 和 SVR 两个模型表现较差。以上信息表明，MIDAS-C 比基准模型具有更强的预测能力，并且比单个因子的 MIDAS 模型的预测精度更高，而没有加入网络搜索数据的 ARIMA 模型以及将高频公共因子转化为低频变量的 SVR 模型的预测能力较差，ARIMA 模型整体上表现最差。MIDAS-C 的预测能力与基准模型之间是否有显著性差异，还需要进一步检验。

表 5-3　检验集各个模型的 RMSE 值对比（历史客流量 + 搜索指数）

模型	$h = 1$		$h = 3$		$h = 6$		$h = 10$	
	RMSE	IR （%）	RMSE	IR （%）	RMSE	IR （%）	RMSE	IR （%）
ARIMA	9.5249	25.28	12.4595	67.51	12.2078	56.50	12.8601	69.69
SVR	8.6701	14.04	11.4736	54.29	12.4681	59.83	9.9155	30.83
MIDAS-F1	7.9658	4.78	8.4498	13.60	8.4163	7.89	7.8560	3.66
MIDAS-F2	8.1671	7.42	9.2767	24.72	8.4053	7.75	8.2736	9.17
MIDAS-C	**7.6027**		**7.4379**		**7.8007**		**7.5787**	

表5-4　检验集各个模型的 **MAPE**（%）值对比（历史客流量+搜索指数）

模型	h = 1		h = 3		h = 6		h = 10	
	MAPE	IR（%）	MAPE	IR（%）	MAPE	IR（%）	MAPE	IR（%）
ARIMA	4.8680	25.67	5.9965	62.94	5.9319	55.50	6.0374	62.65
SVR	4.1220	6.41	5.2887	43.70	6.3837	67.34	5.0227	35.31
MIDAS-F1	4.2723	10.30	4.2270	**14.86**	4.1747	9.44	3.9725	7.02
MIDAS-F2	4.0197	3.77	4.3418	17.98	4.0348	5.77	3.8217	2.96
MIDAS-C	**3.8735**		**3.6803**		**3.8147**		**3.7120**	

表5-5 给出了检验集上各个模型的 h（$h=1$，3，6，10）步向前预测时域的 Adj. R^2 值对比，每步上的最佳指标用加粗表示，MIDAS-C 模型在指标值上的改进率用 IR 表示。该表显示，当 $h=1$ 和 6 时，MIDAS-F2 模型的 Adj. R^2 值最大，当 $h=3$ 和 10 时，MIDAS-C 模型的指标值最大，且与基准模型相比，本章构建的模型在该指标上有不同程度的改善。但总体上各个模型在该指标上的值都大于 0.9，表明各个模型有很强的拟合数据的能力。

表5-5　检验集各个模型的 **Adj. R²** 值对比（历史客流量+搜索指数）

模型	h = 1		h = 3		h = 6		h = 10	
	Adj. R^2	IR（%）	Adj. R^2	IR（%）	Adj. R^2	IR（%）	Adj. R^2	IR（%）
ARIMA	0.9568	1.22	0.9212	5.03	0.9198	5.00	0.9143	5.39
SVR	0.9688	1.19	0.9208	5.07	0.9102	5.99	0.9509	1.61
MIDAS-F1	0.9648	0.40	0.9597	1.06	0.9611	0.74	0.9654	0.11
MIDAS-F2	**0.9750**	−0.65	0.9605	0.98	**0.9699**	−0.17	0.9627	0.38
MIDAS-C	0.9687		**0.9700**		0.9682		**0.9665**	

为进一步考察本章构建的 MIDAS-C 模型与基准模型之间的预测精度是否存在显著性差异，对 MIDAS-C 与基准模型之间的预测精度在每个预测步长上执行 DM 检验，检验结果如表5-6所示，可以看出：①当 $h=1$，3，6，10 时，所有 DM 统计量的值均为负，说明在各个预测步长上 MIDAS-C 模型的预测精度更高。②就 MSE 指标而言，当 $h=1$ 时，MIDAS-C 与 MIDAS-F1 之间的预测精度在10%

水平显著；当 $h = 10$ 时，MIDAS-C 与 MIDAS-F1 之间的预测精度在 5%水平显著，除此之外，MIDAS-C 与所有基准模型在各个步长上的预测精度均在 1%水平显著。③就 MAPE 而言，当 $h = 1$ 时，MIDAS-C 与 MIDAS-F2 和 SVR 两个基准模型之间的预测精度在 5%水平显著；当 $h = 10$ 时，MIDAS-C 与 MIDAS-F2 之间的预测精度在 10%水平显著，除此之外，MIDAS-C 与所有基准模型在各个步长上的预测精度均在 1%水平显著。

表 5-6　MIDAS-C 与各个基准模型的显著性检验结果（历史客流量+搜索指数）

预测步长：h	DM 统计量（MSE）			
	ARIMA	SVR	MIDAS-F1	MIDAS-F2
$h = 1$	−5.798***	−4.166***	−1.647*	−3.514***
$h = 3$	−14.120***	−17.340***	−7.838***	−4.752***
$h = 6$	−17.66***	−19.52***	−8.493***	−3.380***
$h = 10$	−14.920***	−20.390***	−2.187**	−6.460***
预测步长：h	DM 统计量（MAPE）			
	ARIMA	SVR	MIDAS-F1	MIDAS-F2
$h = 1$	−7.572***	−2.077**	−3.148***	−2.254**
$h = 3$	−15.68***	−10.560***	−11.17***	−4.632***
$h = 6$	−20.530***	−13.080***	−4.162***	−2.998***
$h = 10$	−13.95***	−17.87***	−4.129***	−1.836*

注：①表中数字表示 DM 指标值；②***、**、*分别表示在 1%、5%和 10%的水平上显著；③DM 统计量的值为负，表示 MIDAS-C 模型比基准模型的预测精度更高。

综上所述，DM 检验结果表明，本章构建的 MIDAS-C 模型与基准模型之间的预测精度有显著性差异，并且 MIDAS-C 具有更高的预测精度。证实了日度网络搜索数据的加入有助于改善模型预测精度，这进一步证实了 Bangwayo-Skeete 和 Skeete（2015）以及 Qin 和 Liu（2019）的结论。上述实证结果可归结于以下原因：首先，ARIMA 仅仅利用了历史客流量的信息进行预测，而未能加入具有丰富信息的日度网络搜索数据，因此该模型在大多数情况下表现最差。其次，SVR 虽然具有良好的非线性预测能力，但将公共因子通过简单加权求和的方式转化为低频变量后作为 SVR 的输入集，这种方法损失了高频变量的有用信息（Kim and Swanson，2017），因而预测能力不尽如人意。最后，两个单因子 MIDAS 模型的预测精度比 ARIMA 和 SVR 模型要高，而 MIDAS-C 比两个单因子 MIDAS 模型的预测精度高，这意味着日度网络搜索数据有助于模型预测性能的改善，合并预测整合了原始关键词变量的绝大多数动态特征信息，有助于进一步改善模型预测精度，并且与单个模型相比，合并预测能够得到更为稳定的预测结果（Watson and Stock，2004），该结论与 Timmermann（2006）的结论一致。

（二）基于搜索指数和临近区域客流量的预测结果与讨论

在第一部分的基础上，该部分评估临近区域客流量数据的加入是否有助于改善模型对客流量的预测精度，预测变量包括历史客流量、两个网络搜索指数（公共因子）以及万宁接待客流量。预测实验过程中所有模型仍然使用滚动窗口方案。基准模型、各个模型的预测步长、滞后阶数的选择、参数设置以及模型估计方法均与第一部分相同。

图 5-6 给出了检验集上各个模型分别在各个预测步长（$h=1$，3，6，10）上的预测曲线。从该图仍然可以得到与没有加入临近区域客流量时类似的结论，即各个模型的预测曲线与实际接待客流量曲线偏离均较小，表明各个模型在检验集上的拟合效果较好。其中，MIDAS-C 模型在各个时间点与观测值的偏离更小，这表明本章构建的预测方法的预测效果更好；相较于其他月份，在 6 月、8 月和 12 月等月份，各个模型的预测结果与实际值的偏离更大，意味着在这几个月各个模型的拟合效果有所减弱。为了进一步说明各个模型在检验集上不同预测时域上的预测能力，需要分别在检验集上计算各个模型的 RMSE、MAPE 和 Adj. R^2 三个性能指标在各个预测步长上的值并进行对比。

表 5-7、表 5-8 分别给出了检验集上各个模型在不同预测步长上加入临近区域客流量前后的 RMSE 及 MAPE 两个指标值的对比情况，每个步长上的最佳指标值用加粗表示。从表 5-7 和表 5-8 能够得到如下信息：①当 $h=1$，3，6，10 时，无论是否加入临近区域客流量信息，MIDAS-C 在 RMSE 和 MAPE 两个指标上的值均为最小。②绝大多数情况下，仅仅利用历史客流量信息进行预测的 ARIMA

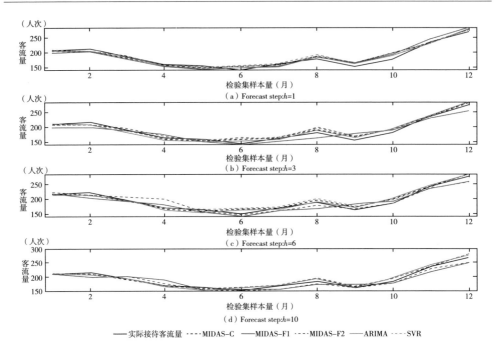

图 5-6　不同模型在 h 步向前时域预测结果对比（历史客流量+搜索指数+临近区域客流量）

模型的各个指标值相对较大；由于 ARIMA 模型仅仅利用了历史客流量信息进行预测，因此该模型在加入临近区域客流量信息前后的各个指标值没有发生变化。③直观上看，在加入临近区域客流量信息后，各个模型的指标值均有所降低，这意味着加入临近区域客流量后的模型的预测精度更高。④仅仅从加入临近区域客流量后的预测结果来看，各个模型在各个指标上的表现与没有加入临近区域客流量的情形类似，即在各个预测步长上，MIDAS-C 模型的两个指标值均小于单个公共因子变量的 MIDAS 模型，并且 MIDAS-C 模型在各个步长上的表现较为稳定，ARIMA 和 SVR 模型仍然表现较差，ARIMA 模型表现最差。以上信息表明，MIDAS-C 比基准模型具有更强的预测能力，并且比单个因子的 MIDAS 模型的预测精度更高，而没有加入网络搜索数据的 ARIMA 模型以及将高频公共因子转化为低频变量的 SVR 模型的预测能力较差，ARIMA 模型整体上表现最差。同时证实了临近区域客流量的加入有助于改善各个模型的预测精度。但 MIDAS-C 的预测能力与基准模型之间是否有显著性差异，加入临近区域客流量前后的各个模型的预测精度是否有显著性差异，仍然需要进一步的显著性检验。

表5-7 检验集各个模型的 RMSE 值前后对比

（历史客流量+搜索指数+临近区域客流量）

模型	$h=1$		$h=3$		$h=6$		$h=10$	
	Ⅰ	Ⅱ	Ⅰ	Ⅱ	Ⅰ	Ⅱ	Ⅰ	Ⅱ
ARIMA	9.5249	9.5249	12.4595	12.4595	12.2078	12.2078	12.8601	12.8601
SVR	8.6701	8.3181	11.4736	9.8174	12.4681	11.3205	9.9155	9.7639
MIDAS-F1	7.9658	7.3287	8.4498	7.6840	8.4163	8.0291	7.8560	7.7629
MIDAS-F2	8.1671	8.1106	9.2767	8.3757	8.4053	8.2166	8.2736	7.8704
MIDAS-C	**7.6027**	**7.1366**	**7.4379**	**7.2946**	**7.8007**	**7.7792**	**7.5787**	**7.3608**

注：Ⅰ和Ⅱ对应的列分别为未加入临近区域客流量和加入临近区域客流量数据的 RMSE 指标值。

表5-8 检验集各个模型的 MAPE 值前后对比

（历史客流量+搜索指数+临近区域客流量）

模型	$h=1$		$h=3$		$h=6$		$h=10$	
	Ⅰ	Ⅱ	Ⅰ	Ⅱ	Ⅰ	Ⅱ	Ⅰ	Ⅱ
ARIMA	4.8680	4.8680	5.9965	5.9965	5.9319	5.9319	6.0374	6.0374
SVR	4.1220	3.9591	5.2887	4.6000	6.3837	4.6761	5.0227	4.2159
MIDAS-F1	4.2723	3.7390	4.2270	3.7836	4.1747	3.8602	3.9725	3.5756
MIDAS-F2	4.0197	3.5173	4.3418	3.5703	4.0348	3.6860	3.8217	3.2673
MIDAS-C	**3.8735**	**3.3057**	**3.6803**	**3.3364**	**3.8147**	**3.5634**	**3.7120**	**3.1529**

注：Ⅰ和Ⅱ对应的列分别为未加入临近区域客流量和加入临近区域客流量数据的 MAPE 指标值。

表5-9给出了检验集上各个模型在 h（$h=1$，3，6，10）步向预测时域加入临近区域客流量数据前后的 Adj. R^2 值对比，每步上的最佳指标值用加粗表示。从该表可以得到以下信息：①整体而言，各个模型的 Adj. R^2 值均大于0.9，表明各个模型均具有很好的数据拟合能力。②ARIMA 仅利用历史客流量信息进行预测，因而该模型的指标值没有发生变化。③大多数情况下，MIDAS-C 的指标值

最大，表明该模型拟合数据的能力更强。④加入临近区域客流量时，各个模型的指标值有轻微的增大或减少，但整体表现均较好。

表 5-9　加入临近区域客流量前后各个模型的 **Adj. R²** 值对比

（历史客流量+搜索指数+临近区域客流量）

模型	$h=1$		$h=3$		$h=6$		$h=10$	
	Ⅰ	Ⅱ	Ⅰ	Ⅱ	Ⅰ	Ⅱ	Ⅰ	Ⅱ
ARIMA	0.9568	0.9568	0.9212	0.9212	0.9198	0.9198	0.9143	0.9143
SVR	0.9688	0.9618	0.9208	0.9546	0.9102	0.9229	0.9509	0.9597
MIDAS-F1	0.9648	0.9710	0.9597	0.9709	0.9611	0.9682	0.9654	0.9731
MIDAS-F2	**0.9750**	0.9699	0.9605	0.9682	**0.9699**	0.9651	0.9627	0.9748
MIDAS-C	0.9687	**0.9736**	**0.9700**	**0.9726**	0.9682	**0.9693**	**0.9665**	**0.9762**

注：Ⅰ和Ⅱ对应的列分别表示加入临近区域客流量之前和之后的模型的指标值。

为进一步考察加入临近区域客流量信息后，本章构建的 MIDAS-C 模型与基准模型之间的预测精度是否存在显著性差异，对 MIDAS 与基准模型之间的预测精度在每个预测步长上进行 DM 检验，检验结果如表 5-10 所示，可以看出：①当 $h=1$，3，6，10 时，所有 DM 统计量的值均为负，说明 MIDAS-C 模型的预测误差更小，预测精度更高。②就 MSE 指标而言，当 $h=1$，6，10 时，MIDAS-C 与 MIDAS-F1 之间的预测精度在 5% 水平显著，除此之外，MIDAS-C 与所有基准模型在各个步长上的预测精度在 1% 水平显著。③就 MAPE 而言，当 $h=1$，3，10 时，MIDAS-C 与 MIDAS-F2 之间的预测精度分别在 10%、5% 以及 10% 水平显著；当 $h=6$ 时，MIDAS-C 与 MIDAS-F2 之间的预测精度没有显著性差异，除此之外，MIDAS-C 与所有基准模型在各个步长上的预测精度在 1% 水平显著。

表 5-10　MIDAS-C 与基准模型预测精度的显著性检验

（历史客流量+搜索指数+临近区域客流量）

预测步长：h	DM 统计量（MSE）			
	ARIMA	SVR	MIDAS-F1	MIDAS-F2
$h=1$	−18.080[***]	−7.135[***]	−2.510[**]	−3.599[***]

续表

预测步长：h	DM 统计量（MSE）			
	ARIMA	SVR	MIDAS-F1	MIDAS-F2
$h=3$	-18.290^{***}	-9.273^{***}	-5.041^{***}	-7.023^{***}
$h=6$	-18.080^{***}	-5.338^{***}	-2.388^{**}	-7.072^{***}
$h=10$	-18.080^{***}	-7.135^{***}	-2.51^{**}	-3.599^{***}

预测步长：h	DM 统计量（MAPE）			
	ARIMA	SVR	MIDAS-F1	MIDAS-F2
$h=1$	-17.410^{***}	-5.381^{***}	-5.183^{***}	-1.755^{*}
$h=3$	-22.430^{***}	-12.600^{***}	-9.292^{***}	-2.006^{**}
$h=6$	-22.620^{***}	-3.299^{***}	-4.621^{***}	-1.408
$h=10$	-17.410^{***}	-5.381^{***}	-5.183^{***}	-1.755^{*}

注：①表中数字表示 DM 指标值；②***、**、*分别表示在1%、5%和10%的水平上显著；③DM 统计量的值为负，表示 MIDAS-C 模型比基准模型的预测精度更高。

　　为验证临近区域客流量的加入是否显著改变了模型预测精度，对加入临近区域客流量数据前后各个模型的预测精度进一步进行 DM 检验，检验结果如表5-11 所示。从该表可以发现以下信息：①ARIMA 模型仅仅利用历史客流量信息，因而无论是否加入临近区域客流量信息，该模型的预测精度均没有发生改变。②整体而言，从 MSE 和 MAPE 两个指标检验结果来看，加入临近区域的客流量信息之后，各个模型的 DM 统计量的值均为负数，表明各个模型的预测精度有不同程度的提高。③除个别情况外，与没有加入临近区域客流量信息相比，加入临近区域客流量信息的各个模型的预测精度有显著性改善。

表5-11 加入临近区域客流量前后的 DM 检验结果

（历史客流量+搜索指数+临近区域客流量）

模型	$h=1$：Ⅰ vs Ⅱ		$h=3$：Ⅰ vs Ⅱ		$h=6$：Ⅰ vs Ⅱ		$h=10$：Ⅰ vs Ⅱ	
	MSE	MAPE	MSE	MAPE	MSE	MAPE	MSE	MAPE
ARIMA	—	—	—	—	—	—	—	—
SVR	-2.52^{**}	-1.927^{*}	-6.11^{***}	-1.26	-3.13^{***}	-9.82^{***}	-2.78^{***}	-4.54^{***}

续表

模型	$h=1$：Ⅰ vs Ⅱ		$h=3$：Ⅰ vs Ⅱ		$h=6$：Ⅰ vs Ⅱ		$h=10$：Ⅰ vs Ⅱ	
	MSE	MAPE	MSE	MAPE	MSE	MAPE	MSE	MAPE
MIDAS-F1	−2.14**	−3.34***	−6.75***	−8.04***	−3.86***	−4.09***	−1.11	−3.27***
MIDAS-F2	−0.31	−2.82***	−4.10***	−9.70***	−1.81	−5.51***	−1.93*	−4.58***
MIDAS-C	−2.32**	−4.88***	−0.94	−5.01***	−0.43	−9.10***	−2.47**	−5.11***

注：①表中数字表示 DM 指标值；②＊＊＊、＊＊、＊分别表示在 1%、5%和 10%的水平上显著；③Ⅰ和Ⅱ对应的列分别表示加入临近区域客流量之前和之后的 DM 指标值。

综上所述，实证分析结果表明，本章构建的 MIDAS-C 模型与基准模型之间的预测精度有显著性差异，并且 MIDAS-C 模型具有更高的预测能力；同时，证实了临近区域客流量信息的加入在大多数情况下有助于改善各个模型的预测精度。

（三）基于搜索指数和航空数据的预测结果与讨论

在第一部分的基础上，本部分讨论航空数据的加入是否有助于改善模型对客流量预测的精度，预测变量包括历史客流量、三亚机场飞机起降架次以及两个网络搜索指数（公共因子）。基准模型、各个模型的预测步长、滞后阶数的选择、参数设置以及模型估计方法与第一部分一致。

图 5-7 给出了检验集上各个模型分别在各个预测步长上的预测结果。从该图可以发现，整体上各个模型的预测曲线与实际客流量曲线偏离较小，但在 8 月和 12 月等月份偏离相对较大；与 MIDAS-F1 和 MIDAS-F2 两个基准模型相比，本章构建的 MIDAS-C 模型与实际客流量曲线偏离更小；ARIMA 和 SVR 两个模型与实际客流量曲线偏离程度相对较大；各个模型的具体预测性能仍需要从各个预测性能指标和显著性检验上加以验证。

表 5-12、表 5-13 分别给出了检验集上各个模型在不同预测步长上加入飞机起降架次变量前后的 RMSE 及 MAPE 值的对比，每个步长上的最佳指标值用加粗表示。从这两个表能够得到如下信息：①从各个预测步长来看，当加入飞机起降架次变量后，各个模型在 RMSE 和 MAPE 两个指标上的值均有不同程度的减小，

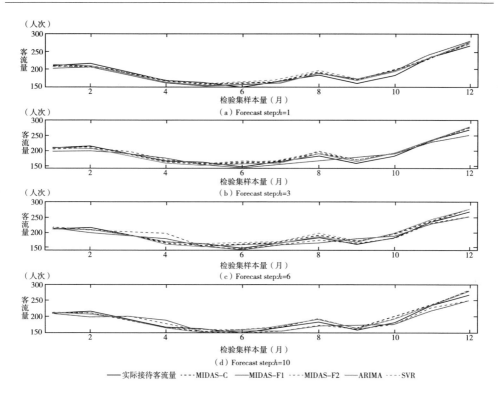

图 5-7 各模型在检验集上 h 步向前时域的预测曲线 （历史客流量+搜索指数+交通数据）

即各个模型的预测精度均有所改善。②从每个预测步长来看，本章构建的 MI-DAS-C 模型在 RMSE 和 MAPE 两个指标上的值均为最小，这意味着在各种情况下，MIDAS-C 模型的预测精度最高。③由于 ARIMA 模型仅仅利用了历史客流量信息进行预测，因此该模型在两种情形下的各个指标值没有发生变化，在各个步长上的预测表现较差，SVR 模型的预测精度也相对较差。④仅仅从加入飞机起降架次变量后的预测结果来看，各个模型在各个指标上的表现与没有加入临近区域客流量的情形类似，即在各个预测步长上，MIDAS-C 的值均小于单个公共因子变量的 MIDAS 模型，并且 MIDAS-C 模型在各个步长上的表现较为稳定，ARIMA 和 SVR 两个模型的预测误差相对较大，ARIMA 模型表现最差。以上信息表明，总体而言，MIDAS-C 比各个基准模型具有更强的预测能力，而没有加入网络搜索数据的 ARIMA 模型以及损失日度公共因子动态特征信息的 SVR 模型的预测能力相对较差，ARIMA 模型整体上表现最差。同时，证实了航空数据的加入有助于改善各个模型的预测精度。

表 5-12　检验集各个模型的 RMSE 值前后对比 （历史客流量+搜索指数+交通数据）

模型	$h=1$		$h=3$		$h=6$		$h=10$	
	I	II	I	II	I	II	I	II
ARIMA	9.5249	9.5249	12.4595	12.4595	12.2078	12.2078	12.8601	12.8601
SVR	8.6701	7.7178	11.4736	10.7841	12.4681	10.3135	9.9155	9.8745
MIDAS-F1	7.9658	7.1715	8.4498	7.1182	8.4163	7.2045	7.8560	7.6342
MIDAS-F2	8.1671	8.0685	9.2767	8.7387	8.4053	8.3859	8.2736	7.8919
MIDAS-C	**7.6027**	**6.9430**	**7.4379**	**7.0131**	**7.8007**	**6.9485**	**7.5787**	**7.3716**

注：I 和 II 对应的列分别为未加入航空数据和加入航空数据的 RMSE 指标值。

表 5-13　检验集各个模型的 MAPE 值前后对比 （历史客流量+搜索指数+交通数据）

模型	$h=1$		$h=3$		$h=6$		$h=10$	
	I	II	I	II	I	II	I	II
ARIMA	4.8680	4.8680	5.9965	5.9965	5.9319	5.9319	6.0374	6.0374
SVR	4.1220	3.7885	5.2887	5.0665	6.3837	5.0044	5.0227	4.5627
MIDAS-F1	4.2723	3.5581	4.2270	3.5056	4.1747	3.3865	3.9725	3.5850
MIDAS-F2	4.0197	3.6254	4.3418	3.6551	4.0348	3.4845	3.8217	3.2990
MIDAS-C	**3.8735**	**3.2449**	**3.6803**	**3.3526**	**3.8147**	**3.2099**	**3.7120**	**3.1529**

注：I 和 II 对应的列分别为未加入航空数据和加入航空数据的 MAPE 指标值。

表 5-14 给出了检验集上各个模型在各个预测步长上加入飞机起降架次变量前后的 Adj. R^2 指标值对比，加粗表示每个预测步长的最佳指标值。从该表可以挖掘出如下信息：①从各个预测步长来看，指标值既有增大也有减小的情况，但变化幅度不大，各个指标值均在 0.9 以上，说明加入飞机起降架次这一变量的前后各个模型都能够很好地拟合实际客流量数据。②ARIMA 模型仅利用历史客流量信息进行预测，因而该模型的指标值没有发生变化。

表 5-14　各个模型在加入临近区域客流量前后的 **Adj. R² 值对比**

（历史客流量+搜索指数+交通数据）

模型	$h=1$		$h=3$		$h=6$		$h=10$	
	Ⅰ	Ⅱ	Ⅰ	Ⅱ	Ⅰ	Ⅱ	Ⅰ	Ⅱ
ARIMA	0.9568	0.9568	0.9212	0.9212	0.9198	0.9198	0.9143	0.9143
SVR	0.9688	0.9713	0.9208	0.9464	0.9102	0.9449	0.9509	0.9446
MIDAS-F1	0.9648	**0.9779**	0.9597	**0.9776**	0.9611	**0.9766**	0.9654	**0.9673**
MIDAS-F2	**0.9750**	0.9691	0.9605	0.9665	**0.9699**	0.9676	0.9627	0.9644
MIDAS-C	0.9687	0.9753	**0.9700**	0.9746	0.9682	0.9751	**0.9665**	0.9671

注：Ⅰ和Ⅱ对应的列分别为未加入航空数据和加入航空数据的 Adj. R² 指标值。

　　为进一步验证加入飞机起降架次变量后，本章构建的 MIDAS-C 模型与基准模型之间的预测精度是否存在显著性差异，对 MIDAS 与基准模型之间的预测精度（MSE 和 MAPE）在每个预测步长上进行 DM 检验，检验结果如表 5-15 所示。从该表可以发现：①在各个预测步长上，所有 DM 统计量的值均为负，说明 MIDAS-C 模型的预测误差更小，预测精度更高。②就 MSE 指标而言，当 $h=6$，10 时，

表 5-15　**MIDAS-C 与基准模型 DM 检验结果**（历史客流量+搜索指数+交通数据）

预测步长：h	DM 统计量（MSE）			
	ARIMA	SVR	MIDAS-F1	MIDAS-F2
$h=1$	-11.130***	-7.135***	-5.281***	-7.884***
$h=3$	-16.030***	-7.307***	-3.382***	-7.680***
$h=6$	-17.850***	-8.460***	-1.901*	-6.726***
$h=10$	-13.960***	-13.690***	-0.021	-5.959***

预测步长：h	DM 统计量（MAPE）			
	ARIMA	SVR	MIDAS-F1	MIDAS-F2
$h=1$	-17.250***	-10.140***	-3.636***	-4.181***
$h=3$	-17.420***	-7.498***	-2.031**	-1.919*
$h=6$	-24.110***	-11.340***	-1.492	-1.689*
$h=10$	-14.420***	-14.330***	-2.556**	-1.223

注：①表中数字表示 DM 指标值；②***、**、*分别表示在 1%、5% 和 10% 的水平上显著；③DM 统计量的值为负，表示 MIDAS-C 模型比基准模型的预测精度更高。

MIDAS-C 与 MIDAS-F1 之间的预测精度分别在 10% 水平显著和不显著，除此之外，构建的预测模型与所有基准模型在各个步长上的预测精度均在 1% 水平显著。③就 MAPE 而言，当 $h=3$ 时，MIDAS-C 与 MIDAS-F1 和 MIDAS-F2 两个基准模型之间的预测精度分别在 5% 和 10% 水平显著；当 $h=6$ 时，MIDAS-C 与 MIDAS-F1 和 MIDAS-F2 两个基准模型之间的预测精度分别为不显著和在 10% 水平显著；当 $h=10$ 时，MIDAS-C 与 MIDAS-F1 和 MIDAS-F2 两个基准模型之间的预测精度分别在 5% 水平显著和不显著。但除此之外，在绝大多数情况下 MIDAS-C 与所有基准模型在各个步长上的预测精度均在 1% 水平有显著性差异，即总体上而言，本章构建的预测方法提高了模型的预测精度。

为进一步检验航空数据的加入是否显著提高了模型预测精度，运用 DM 检验对加入飞机起降架次变量前后各个模型的预测精度（MSE 和 MAPE）分别进行分析，检验结果如表 5-16 所示，从该表可以发现以下信息：①ARIMA 仅仅利用历史客流量信息，因而各个指标值没有发生变化。②整体而言，所有模型在各个预测步长上的 DM 统计量的值均为负数，表明加入飞机起降架次这一变量后，各个模型的预测误差均有不同程度的减小，预测精度有所提高。③从飞机起降架次这一变量来看，除在个别情况下，加入该变量前后各个基准模型在各个预测步长上对应的预测精度在不同水平存在显著性差异，表明航空数据的加入有效改善了各个基准模型的预测精度，并且 MIDAS-C 模型在所有情况下都显著改善了模型预测精度。

表 5-16　加入交通数据前后各模型预测精度的 DM 检验结果

（历史客流量+搜索指数+交通数据）

模型	$h=1$：Ⅰ vs Ⅱ		$h=3$：Ⅰ vs Ⅱ		$h=6$：Ⅰ vs Ⅱ		$h=10$：Ⅰ vs Ⅱ	
	MSE	MAPE	MSE	MAPE	MSE	MAPE	MSE	MAPE
ARIMA	—	—	—	—	—	—	—	—
SVR	-5.15***	-4.54***	-1.56	-0.69	-5.11***	-4.83***	-1.43	-0.82
MIDAS-F1	-2.76***	-5.88***	-7.47***	-7.91***	-7.01***	-7.59***	-1.45	-2.20**
MIDAS-F2	-0.97	-2.40**	-2.09**	-8.18***	-1.09	-9.47***	-6.42***	-1.52

续表

模型	$h=1$：Ⅰ vsⅡ		$h=3$：Ⅰ vsⅡ		$h=6$：Ⅰ vsⅡ		$h=10$：Ⅰ vsⅡ	
	MSE	MAPE	MSE	MAPE	MSE	MAPE	MSE	MAPE
MIDAS-C	−5.07***	−8.74***	−4.01***	−6.42***	−8.76***	−8.80***	−5.03***	−1.66*

注：①表中数字表示 DM 指标值；②***、**、*分别表示在1%、5%和10%的水平上显著；③Ⅰ和Ⅱ两列分别表示加入航空数据之前和之后的 DM 统计量指标值。

（四）稳健性检验

为了对构建的预测方法的稳健性进行检验，将被预测变量替换为万宁接待客流量，而三亚接待客流量作为临近区域客流量（预测变量），两个公共因子和被预测变量的历史客流量也作为预测变量，所有预测程序与前面实证分析一致。为简单起见，仅讨论单步向前预测时域的情况，并且仅讨论 RMSE 和 MAPE 两个指标。各个模型仅仅使用历史客流量和公共因子变量进行预测、加入三亚接待客流量进行预测以及加入飞机起降架次进行预测的结果如表 5-17 所示。从该表能够得到与三亚客流量预测一致的信息，即无论是 RMSE 还是 MAPE 指标，加入临近区域客流量信息或者加入飞机起降架次均能够不同程度改善各个模型的预测精度，并且与各个基准模型相比，本章构建的 MIDAS-C 模型的各个指标值最小，ARIMA 和 SVR 模型的各个指标值相对较大，这意味着本章构建的预测方法的预测精度相对最高。

表 5-17　各个模型在检验集上不同预测变量情况下的指标值对比

模型	Ⅰ		Ⅱ		Ⅲ	
	RMSE	MAPE	RMSE	MAPE	RMSE	MAPE
ARIMA	2.8650	5.2836	2.8650	5.2836	2.8650	5.2836
SVR	2.2861	4.3596	2.0196	4.0098	2.0044	4.2065
MIDAS-F1	2.0536	3.9159	1.8161	3.4967	1.7454	3.7320
MIDAS-F2	1.9242	3.7759	1.8170	3.5516	1.7733	3.7844
MIDAS-C	**1.8211**	**3.5132**	**1.7558**	**3.3896**	**1.5415**	**3.3518**

注：Ⅰ对应的列表示仅仅利用历史客流量和公共因子进行预测的指标值，Ⅱ和Ⅲ对应的列分别表示加入三亚客流量和飞机起降架次变量后对应的指标值。

通过 DM 检验发现，三种情况下 MIDAS-C 与基准模型之间的预测精度在绝大多数情况下均存在显著性差异，受篇幅所限，这里不再详述。为检验临近区域客流量和飞机起降架次两个变量的加入是否会导致模型预测精度的显著改善，分别对临近区域客流量和飞机起降架次两个变量的加入前后各个模型的预测精度（MSE 和 MAPE）进行 DM 检验，检验结果如表 5-18 所示。从该表可以看出：①加入飞机起降架次变量后，两个单因子 MIDAS 模型的预测精度没有显著性改善。除此之外，各个模型在加入新的变量后预测精度在不同程度上有显著性改善。②加入临近区域客流量变量后，MIDAS-C 模型的预测精度在 5% 水平有显著性改善，而加入飞机起降架次变量后，MIDAS-C 模型的预测精度在 10% 水平有显著性改善。

表 5-18 加入两个新变量前后各个模型预测精度的 DM 检验结果

模型	I vs II		I vs III	
	MSE	MAPE	MSE	MAPE
ARIMA	—	—	—	—
SVR	-6.050^{***}	-3.005^{***}	-11.430^{***}	-8.176^{***}
MIDAS-F1	-5.802^{***}	-3.549^{***}	-1.481	-0.114
MIDAS-F2	-2.705^{***}	-2.372^{**}	-0.341	1.490
MIDAS-C	-2.356^{**}	-2.356^{**}	-1.657^{*}	-1.657^{*}

注：①表中数字表示 DM 指标值；②$***$、$**$、$*$分别表示在 1%、5% 和 10% 的水平上显著；③ I 对应的列表示仅仅利用历史客流量和公共因子进行预测的指标值，II 和 III 对应的列分别表示加入三亚客流量和飞机起降架次变量后对应的 DM 指标值；④ARIMA 模型仅仅使用历史客流量进行预测，因此预测精度不变。

综上所述，实证分析结果表明，本章构建的 MIDAS-C 模型与基准模型之间的预测精度有显著性差异，并且 MIDAS-C 具有更高的预测精度。同时证实了在绝大多数情况下，临近区域客流量以及飞机起降架次两个新变量的加入有助于显著改善各个模型预测精度，而本章构建的预测方法在各种情况下表现相对稳健。

第四节 本章小结

准确的旅游需求预测有助于旅游相关管理部门的科学决策。随着互联网的全面普及，网络信息搜索客观反映了消费者潜在的旅游需求，为旅游需求预测提供了良好的数据来源，但数据频率的不一致和关键词变量数目的增加给预测带来了新的挑战。本章从三个方面进行预测实验：首先，利用因子模型对获取到的大量关键词变量进行降维，得到两个公共因子，在 MIDAS 框架下直接对月度被预测变量和日度关键词变量进行建模。具体而言，针对两个公共因子构建单变量的 MIDAS 模型，然后对其进行合并预测，得到最终预测结果。其次，在此基础上加入临近区域客流量信息进行预测实验，检验该数据的加入是否能改善模型预测能力。最后，检验交通数据的加入是否有助于改善模型预测能力。研究结果表明，与单因子的 MIDAS 模型、ARIMA 模型和 SVR 模型相比，本章构建的合并预测模型 MIDAS-C 能保持建模的简约性和灵活性，同时能显著改善模型预测精度。另外，实证分析发现，将不同数据源进行融合有助于提高模型预测能力，即临近区域客流量以及飞机起降架次两个变量的加入均能够显著提高模型预测精度。

构建预测方法具有优异的预测性能可归功于以下原因：首先，MIDAS-F1 和 MIDAS-F2 模型仅利用单个公共因子进行预测，未能充分利用两个公共因子的特征信息。而 MIDAS-C 通过合并预测技术整合了两个公共因子的特征信息，因而得到的预测结果更为稳健，并且有效改善了模型预测精度。其次，ARIMA 模型仅利用历史客流量信息进行预测，未能利用日度网络搜索数据的特征信息，因而其预测精度显著低于 MIDAS-C 模型。最后，SVR 虽然具有良好的非线性预测能力，但该模型将两个公共因子变量通过简单加权求和的方式转化为低频变量作为预测变量时，损失了日度变量的动态特征信息，因而该模型与 MIDAS-C 模型之间的预测精度仍然有显著性的差异。

本章研究具有重要的理论意义。首先，针对预测变量和被预测变量频率的不一致，引入 MIDAS 模型直接对混频数据进行建模，这一方法保证了建模的简约性和灵活性。其次，针对网络搜索大数据，引入因子模型对关键词变量的特征信息进行提取，保留原始变量特征信息的同时，达到了数据降维的目的。最后，构建合并预测技术，避免了单变量 MIDAS 模型预测不稳定的缺陷，提高了模型预测能力。

本章研究对旅游相关行业具有重要的应用价值。具体而言，研究结果表明日度关键词变量包含有用的动态特征信息，有助于客流量预测，并且临近区域客流量信息和交通数据的加入有助于改善模型预测精度。从政策的观点来看，预测结果可以为旅游相关部门政策制定者和商业管理者的营销、收益管理、投资、年度预算等提供必要的信息支撑。例如，针对旅游淡季，旅游酒店或景区利用预测结果实施更为科学的促销计划，以保证更为合理地分配旅游资源，避免不必要的资源浪费；针对旅游旺季，利用预测结果对景区客流量进行预警。就预测方法而言，本章构建的预测技术可以推广到酒店入住率、旅游收入等其他旅游需求预测，以解决预测中的频率不一致与网络搜索关键词变量的稀疏性和高维度问题，从而降低旅游需求预测误差率。

尽管如此，到目的地的游客可能包含国外旅游者，但受数据收集限制，实验数据集未能包含谷歌等其他搜索引擎的搜索数据。引入谷歌等其他网络搜索数据，对接待的国内外游客流量进行预测，是进一步研究的方向。

第六章　基于多数据源的景区日度客流量预测研究

第一节　问题的提出

目前，我国旅游业已进入快速发展时期，准确、实时地预测热门旅游区接待的客流量，能够为合理疏散客流、启动应急预案以及预防安全事故提供决策支持，为旅游相关部门科学决策的制定提供必要参考（Athiyaman and Robertson，1992；Song and Li，2008；Lu et al.，2021）。从预测频率来看，已有研究侧重于对旅游目的地周度、月度或更长时间的旅游需求进行预测（Jwb et al.，2020）。这些研究的预测结果可以为宏观政策制定提供参考。然而，更高频的日度预测亦极其重要（Divino and McAleer，2010；Pan and Yang，2017）。首先，根据高频预测结果，一方面，旅游相关企业经营者可以在竞争激烈的市场中保持敏捷性，以应对频繁的市场变化，如可以制定旅游套餐或定价策略，以增加低需求时期的游客人数（Divino and McAleer，2010）。另一方面，旅游管理者可以作出人员安排并制定应急计划，以防止游客在需求旺盛时期出现滞留（Li et al.，2018）。然而，对更高频率的日度旅游需求预测研究还十分少见。其次，随着可用数据源的维度

和样本容量的剧增，已有预测方法在预测精度和对预测变量特征信息的利用方面
受到限制。最后，已有研究主要使用历史数据或单一数据源进行预测，当经济结
构发生变化或突发事件发生时，预测的准确性和稳定性受到挑战（Yang et al.，
2014），而尝试加入新的数据源可能有助于改善模型预测精度（Hubbard，2011）。
本章针对上述问题基于深度学习模型构建混合预测方法，并利用多数据源作为模
型输入集，对日度客流量进行预测研究。

从预测方法来看，经典线性预测方法无法充分拟合旅游需求的复杂动态特
征，以支持向量回归以及人工神经网络为代表的人工智能方法具有一定的非线性
预测能力（Chen et al.，2015），但这些方法均为浅层学习技术，在实际应用中
存在很难满足日益增长的旅游大数据和预测精度、无法自动提取数据特征、容易
陷入局部最优以及产生过拟合等现象。随着旅游相关数据源的增加以及数据样本
爆炸式的增长，这些预测方法很难适应实际的需要。其中，人工神经网络（Arti-
ficial Neural Network，ANN）是一种优秀的数据驱动的机器学习技术，应用于旅
游预测领域的时间相对较短。已有研究表明，ANN 在预测性能方面一般优于经
典时间序列模型（Law，2001；Kon and Turner，2005；Pai and Hong，2005；
Palmer et al.，2006）。虽然 ANN 方法具有良好的非线性预测能力，但存在以下
缺陷：首先，随着神经元节点增多，训练变得复杂，一个可靠的预测模型一般需
要通过反复实验而获得（Kon and Turner，2005）；其次，神经网络优化函数是一
个非凸优化问题，易导致局部最优解；最后，随着网络层数的增多，容易产生梯
度消失问题，而网络学习能力并未得到提高。

作为支持向量机的回归算法，支持向量回归（Support Vector Regression，
SVR）在若干方面体现出了对比神经网络的优势，如训练高效、易获得全局最优
解、具有良好的泛化能力、有较为完善的理论基础、善于处理小样本及非线性数
据的预测问题（Vapnik，1995），已有文献对 SVR 模型的研究集中于模型参数优
化方面，通过开发不同类型的参数优化方法并构造组合预测模型进行旅游需求预
测（Hong，2011；Chen，2014；Chen et al.，2015）。研究表明，首先，与基准模
型相比，利用 SVR 构建的组合预测模型的预测结果表现更好，但没有统一的方

法对模型的自由参数进行优化往往使得模型的训练较为复杂；其次，SVR 适用于小样本学习，无法满足日益增长的旅游大数据的要求，无法自动提取数据特征。

近几年，深度学习技术日趋成熟，该方法日益受到学术界的重视（LeCun et al.，2015），使用更深层次的模型和大量训练数据能够发现时间序列的非线性特征和不同时间尺度的复杂联系。与 ANN 和 SVR 等浅层学习方法相比，深度学习是一种通过深度神经网络学习海量数据规律的方法，它实现了从低层到高层的特征抽象、让网络变得更深以及具有自动特征提取功能，因而在发现高维度复杂数据结构特征方面展现出独特优势（LeCun et al.，2015）。相较于传统浅层预测方法，深度学习的输入集能被扩展到可能与预测问题相关的特征变量，能更有效克服过拟合问题，并且能有效解释输入数据的复杂的非线性特征，从而提高预测性能。对深度学习的研究主要集中在不同的网络结构方面，比如自编码器（Autoencoder，AE）、深度信念网络（Deep Belief Networks，DBN）、递归神经网络（Recurrent Neural Network，RNN）以及深度神经网络（Deep Neural Networks，DNN）等模型，并将它们用于数据编码、信息提取和时序预测等任务（Deng and Yu，2014）。例如，在图像识别（Krizhevsky et al.，2012）、语音识别（Hinton et al.，2012）、自然语言处理（Sutskever et al.，2014）、金融（Heaton et al.，2016）以及能源（Tao et al.，2014）等领域应用十分广泛。在各种深度学习模型中，RNN 在以序列为输入进行预测方面有着优异的表现。尽管如此，传统的 RNN 模型无法学习和存储长期记忆信息，梯度消失和梯度爆炸问题阻碍了其发展和应用。后来，几个改进的具有记忆功能的 RNN 模型被开发。例如，加入门控单元的长短时记忆网络（Long Short-Term Memory，LSTM）利用附加的记忆单元把记忆信息从序列的初始位置传递到序列末端，能记忆长期信息（Hochreiter and Schmidhuber，1997）。因此，相较于 DNN、DBN 以及传统的 RNN 等深度学习方法，LSTM 模型在以序列为输入的预测方面展现出独特优势（Hochreiter and Schmidhuber，1997；Aggarwal and Aggarwal，2017）。

然而，现有基于深度学习的预测方法存在以下缺点：首先，大多数文献采用了单一的神经网络模型进行预测，如堆叠式自动编码器（SAE）、LSTM 或 DBN

等模型，这些单一模型不能完全捕捉旅游需求的复杂动态特征。例如，某个时刻的客流量不仅取决于前一时间段的客流量，而且反过来会影响到下一时间段的客流量，因此，这些模型提供的预测性能改进十分有限。其次，已有研究没有充分挖掘旅游相关数据中存在的复杂结构，未能很好地识别各个特征在不同时间点的重要程度。例如，过去某一时刻的客流量在某个时间点对将来客流量的预测可能比任何其他时间都更为重要。

就模型输入集而言，与旅游相关的官方统计数据发布具有滞后性，数据样本容量较小，并且有些数据难以获取，影响预测的准确性和时效性。随着信息技术的不断进步和互联网的全面发展，在大数据技术的支持下，可以获得比以前更多可用和可计算的数据资源。首先，消费者网络信息查询产生的海量搜索数据以及旅游景区旅游官网点击率数据具有实时性、易获取等特征，这些数据客观反映了游客潜在的旅游需求，研究表明该类型数据能提高模型预测精度（Choi and Varian，2012；Pan et al.，2012；Yang et al.，2014，2015；Zhang et al.，2020）。其次，日照、温度、降水等气象因素对旅游需求的影响十分明显（Papatheodorou，2001），不仅是支撑旅游活动的资源，其本身也是重要的旅游吸引物；一般而言，在正常天气下，旅游景点的游客流量显著大于极端天气下的游客流量。因此，在预测日度客流量时，应考虑气象因素（Álvarez-Díaz and Rosselló-Nadal，2010）。有大量学者就气象与旅游之间的关系展开了研究（吴普等，2010；Perkins and Debbage，2016；Michailidou et al.，2016）。但利用气象因素进行旅游需求预测的研究还较少，仍值得深入探索。最后，已有研究主要利用单一数据源作为模型输入集进行预测，未能充分利用各个旅游相关数据源的特征信息，受社会经济结构的突变和突发事件的影响，预测结果不稳定，模型预测性能欠佳。

与现有旅游需求预测研究不同，本章构建了 BiLSTM-Attention 混合模型，该模型主要由两个基本单元组成，即双向长短时记忆（Bidirectional Long Short-Term Memory，BiLSTM）神经网络与 Attention 机制。与 LSTM 模型不同，BiLSTM 单元不但能够学习到客流量的长期依赖特征，并且能够从前后两个不同方向捕捉到客流量的变化趋势，充分利用了旅游相关数据的动态特征信息。同时，为 BiL-

STM 单元设计了一种 Attention 机制，以便在不同的时间对输入序列自适应地分配不同级别的权重，该机制能够在无需辅助信息的情况下自动区分每个序列对最终预测性能的重要性。然后通过使用真实数据集进行实验，以评估模型的有效性，并比较了 BiLSTM-Attention 模型与 BiLSTM、LSTM、BPNN 和 AR 四个基准模型之间的预测性能。

后文安排如下：第二节提出 BiLSTM-Attention 预测方法，给出使用的预测性能指标和显著性检验方法，并构建本章实证分析框架。第三节为实证分析部分，首先是实验数据的获取及预处理，其次对数据进行分析并构建实验数据集，最后对不同数据源融合下的九寨沟风景区接待日度客流量进行预测并进行讨论。实证分析从四个方面进行：第一部分讨论基于历史客流量和网络搜索数据的旅游需求预测；第二部分在第一部分的基础上加入九寨沟风景区旅游官网点击率数据进行预测实验，以评估该类数据的加入是否能提高模型预测能力；第三部分在第一部分的基础上加入气象数据进行预测实验，以考察气象数据的加入是否有助于降低模型预测误差率；第四部分为稳健性分析。第四节对本章研究内容进行总结。

第二节　预测方法及预测框架构建

一、BiLSTM-Attention 预测模型构建

本章构建一个 BiLSTM-Attention 混合模型，该模型由两个基本单元组成，即 BiLSTM 神经网络单元和 Attention 单元，其中，BiLSTM 单元即双向 LSTM 模型，它是由两个单独的 LSTM 网络组合而成的。BiLSTM-Attention 混合模型的结构见图 6-1。该图只是一层的 BiLSTM-Attention 模型结构，如果是多层的 BiLSTM，只需将两个不同方向的 BiLSTM 结构按照图 6-1 进行叠加。如图 6-1 所示，输入数据首先输入到 BiLSTM 神经网络，然后在模型中采用 Attention 机制，它能够根据

多源数据输入集在不同时间步的重要程度分配不同的权重。关于每个单元的更多细节将在下文中描述。

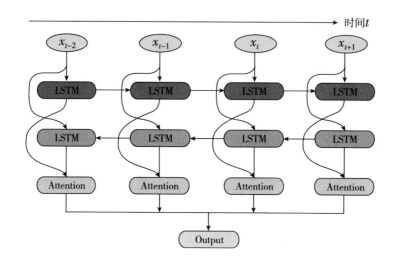

图 6-1　BiLSTM-Attention 组合模型结构

二、预测模型各单元基本原理

（一）LSTM 模型

1. LSTM 模型基本原理

传统的递归神经网络（Recurrent Neural Network，RNN）的优势在于处理序列输入对象的预测任务时，能通过以下递归方程组学习复杂的时间动态特征：

$$Z_t = f(W_{xz}X_t + W_{zz} + b_x) \tag{6-1}$$

$$Y_t = f(W_{hz}Z_t + b_z) \tag{6-2}$$

其中，X_t 为模型输入集，Z_t 为具有 N 个隐藏单元的隐藏状态，Y_t 为模型在时刻 t 的输出，W 和 b 为需要学习的权重和偏执（Offsets）参数。对于长度为 T 的输入序列，数据信息流的更新是以一种循环的方式进行传递处理的。

虽然 RNN 模型已被证明成功应用于语音识别以及文本生成（Dean et al.，

2012；Lake et al.，2015）等领域，但该方法在学习和存储长时间记忆信息方面还有一定困难，这主要是由于在一些时间步上优化 RNN 网络时发生的梯度消失和梯度爆炸问题，其后果是模型无法保留前面较远时间的记忆信息。

LSTM 网络是 RNN 模型的一种变体形式，由 Hochreiter 和 Schmidhuber（1997）提出，该算法的巧妙之处是引入了自循环。其中，关键的扩展是自循环的重要程度是变化的（Gers et al.，2000）。LSTM 提供了一个融合记忆单元的解决方案，它允许网络学习之前忘记的隐藏状态，并且根据新的信息更新隐藏状态。尤其是除了隐藏单元之外，LSTM 网络还包括输入门、忘记门、输入调整门和一个记忆细胞单元，记忆细胞单元融合了之前记忆单元状态，这些记忆单元由忘记门和输入调整门连同以前的隐藏体进行调整，而隐藏体由输入门进行调整。这些额外的记忆单元能使 LSTM 架构识别到较远时间的依赖性，这是由于 LSTM 算法能够通过训练过程学习到可以记忆和可以忘记的信息，进而确保 LSTM 网络具有长期记忆功能。一个标准的 LSTM 模型的架构可以用式（6-3）到式（6-7）表示：

$$F_t = \sigma(W_f^T \cdot [Z_{t-1},\ X_t] + b_f) \tag{6-3}$$

$$I_t = \sigma(W_i^T \cdot [Z_{t-1},\ X_t] + b_i) \tag{6-4}$$

$$\overline{C}_t = \tanh(W_c^T \cdot [Z_{t-1},\ X_t] + b_c) \tag{6-5}$$

$$C_t = F_t \otimes C_{t-1} + I_t \otimes \overline{C}_t \tag{6-6}$$

$$Z_t = O_t \otimes \tan(C_t) \tag{6-7}$$

与 RNN 网络最大的区别在于，LSTM 网络中增加的隐藏状态 C_t，通过利用 Sigmoid 激活函数 $\sigma(x) = (1 + e^{-x})^{-1}$ 和点乘运算符号 $\otimes$ 定义的层决定要从前面的记忆状态中加入或移除多少信息。第一个门为忘记门 $F_t \otimes C_{t-1}$，控制从前面的记忆状态中丢弃多少数据。紧接着是输入门 $I_t \otimes \overline{C}_t$，它记忆现在的某些信息，决定哪些值将被更新。然后新的细胞状态合并过去和现在的记忆信息，通过忘记门选择向量 $[Z_{t-1},\ X_t]$ 的信息，这提供了删除过去不相关信息并从当前时间步添加相关信息的一种机制。最后，输出层 $O_t \otimes \tan(C_t)$ 控制着有多少记忆信息将被用于下一个阶段的更新中。

2. LSTM 网络训练方法与模型选择

本章使用 RNN 网络中常用的时间反向传播（Back Propagation Through Time，BPTT）来训练 LSTM 网络，它是训练 RNN 类网络模型的标准算法。BPTT 的流程与反向传播算法类似，其核心是求解参数的导数，然后利用梯度下降等优化方法来进行参数的迭代更新，选择在深度学习中具有良好性质的 RMSProp 优化方法进行参数迭代更新（Hinton，2012）。在 LSTM 网络中，除模型默认的激活函数外，完全连接层和输出层的激活函数选择深度学习领域常用的 tanh 函数，该函数具有更为稳定的梯度，tanh 激活函数可表示为式（6-8）：

$$ACT_{tanh}(x) = \tanh(x) = \frac{e^x - e^{-x}}{e^x + e^{-x}} \tag{6-8}$$

过拟合是机器学习中常见的现象和难题，通常指的是在模型选择时，选择的模型参数过多导致在训练集上的预测精度很好，但在检验集上的预测效果不尽如人意。L1 和 L2 以及 boosting 等正则化方法是机器学习中常用来解决过拟合的工具，但在深度学习中对单个模型进行训练往往耗时较长，即使训练出多个网络模型，也很难在实际环境中做到快速的集成，因此这些方法是不现实的。Hinton 等（2012）提出了 Dropout 方法，该方法是一种模型选择技术，是当前深度学习领域解决过拟合的强有力武器，本章在深度学习模型中均利用该方法进行模型选择。

（二）BiLSTM 模型

BiLSTM 神经网络是标准 LSTM 网络的一种变体，它由前向 LSTM 和后向 LSTM 网络组成，提供了在前向和后向两个输入方向上获取序列信息的途径，具体结构如图 6-1 所示。BiLSTM 的结构是两个单向 LSTM 网络的上下堆叠，其中一个 LSTM 网络用于向前传播，另一个用于向后传播。一般会使用多个 LSTM 层来处理经历周期交替变化的客流量信息，其中每个 BiLSTM 网络由前向传递和后向传递的两个 LSTM 层组成。这样，BiLSTM 神经网络模型可以捕获来自两个不同方向的更多信息，进而提高模型的预测性能。

（三）Attention 机制

Attention 模型的初次提出是为了探索数据的内在特征，提高信息处理的效率。它为后续 Attention 机制的构建奠定了基础。众所周知，实验数据集在不同时间提供的信息对于预测性能可能并不同等重要。然而，标准 LSTM 网络无法检测输入序列的一些重要部分（Zheng et al.，2020）。为解决这个问题，本章为 BiLSTM 模块添加了一种 Attention 机制，以便在不同时间自动利用输入序列的不同重要程度。

Attention 机制最初被提出并应用于解决与图像相关的问题，近年来已被应用于自然语言处理领域。本章使用 Attention 机制来计算不同时间步长的从 BiLSTM 网络输出的特征向量的权重，并将更高的权重分配给更为重要的特征，确保神经网络具有更好的性能。根据 Zhou 等（2016）提出的方法，Attention 层可以表示为：

$$e_t = \tanh\left(WZ_t + b_t\right) \tag{6-9}$$

$$\alpha_t = \frac{\exp\left(e_t\right)}{\sum_{j=0}^{t}\exp\left(e_j\right)} \tag{6-10}$$

$$v = \sum_{t=0}^{n}\alpha_t Z_t \tag{6-11}$$

其中，Z_t 表示隐藏状态，b_t 为偏置参数，v 表示根据隐藏状态的加权和计算出的输出向量。

三、预测评估

（一）基准模型设置

为对比本章构建预测方法的预测能力，选择 BiLSTM 网络、LSTM 网络、后向传播神经网络（Back Propagation Neural Network，BPNN）和 AR 模型作为基准模型。其中，BiLSTM 是在 BiLSTM-Attention 模型的基础上去掉 Attention 机制，引入该模型是为了说明 BiLSTM-Attention 模型中的 Attention 机制在预测中是否能有效利用不同时间点的不同重要程度的信息。引入单向的 LSTM 模型是为了验证

BiLSTM-Attention 模型中的 BiLSTM 单元是否能有效利用前后不同方向上的时序数据的特征信息。BPNN 为浅层学习方法，引入该模型旨在验证深度学习方法是否能有效改进预测精度。AR 模型为简单线性回归模型，仅仅利用历史客流量信息进行预测，引入该模型旨在说明其他数据源在预测中的有效性，同时说明人工智能非线性方法在复杂数据情况下的预测能力。接下来介绍 BPNN 和 AR 模型的基本原理。

1. BPNN 模型

人工神经网络（Artificial Neural Network，ANN）为 20 世纪 80 年代人工智能领域兴起的研究热点，也是目前各种神经网络模型的基础。而 BPNN 是前馈型神经网络的一种扩展，是在前馈型网络的基础上增加了后向传播算法。BPNN 网络的前馈表现为输入的信息从输入层开始，通过每一隐藏层的神经元计算出该层各神经元的输出并向下一层传递，直至输出层计算网络的输出结果，前馈只是用于计算网络的输出，不对网络的参数进行调整。后向传播算法用于训练模型时对网络权值和阈值进行调整，该过程是一个监督学习过程。而反馈是用来求偏导数的，并执行梯度下降算法，进而求得损失函数的极小值，使得期望和输出之间的误差尽可能地减小（王小川等，2013）。具有单个隐藏层的 BPNN 模型的基本拓扑结构如图 6-2 所示。

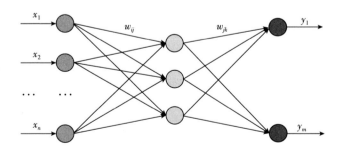

图 6-2 BPNN 模型的拓扑结构

BPNN 算法大致可以分为初始化网络权重、对隐藏层的输出进行计算、对输出层的输出进行计算、对误差进行计算、对权值进行更新、对阈值进行更新以及对迭代算法是否停止进行判断七个步骤（王小川等，2013），具体如下：

步骤1：初始化网络权值。输入数据后，需要初始化网络，即根据输入序列 x 和输出序列 y，共同确定网络输入层的节点数目 n、隐藏层的节点数目 l 以及输出层的节点数目 m；确定输入层与隐藏层各个神经元之间的权重值 w_{ij} 以及隐藏层与输出层各个神经元之间的权重值 w_{jk}；分别对隐藏层的阈值 a 和输出层的阈值 b 进行初始化，并确定学习率 α 以及神经元的激活函数 $\sigma(x)$。

步骤2：对隐藏层的输出进行计算。根据输入序列 x、输入层与隐藏层之间的权重值 w_{ij} 以及隐藏层的阈值来计算隐藏层的输出：

$$\mathcal{H}_j = \sigma\left(\sum_{i=1}^{n} w_{ij}x_i - a_j\right), \quad j=1, 2, \cdots, l \tag{6-12}$$

其中，l 为隐藏层的节点数，本章选择的激活函数为 $\sigma(x) = \dfrac{1}{1+e^{-x}}$。

步骤3：对输出层的输出进行计算。依据隐藏层的输出，隐藏层与输出层的权重 w_{jk} 以及输出层的阈值 b 求出 BPNN 的预测输出：

$$O_k = \sum_{j=1}^{l} \mathcal{H}_j w_{jk} - b_k, \quad k=1, 2, \cdots, m \tag{6-13}$$

步骤4：对误差进行计算。依据前面计算的预测输出 O 以及期望的输出 y，计算出 BPNN 的预测误差：

$$e_k = y_k - O_k, \quad k=1, 2, \cdots, m \tag{6-14}$$

步骤5：对权重进行更新。根据上一步的预测误差对网络连接的权重进行更新：

$$w_{ij} = w_{ij} + \alpha \mathcal{H}_j(1-\mathcal{H}_j)\sum_{k=1}^{m} w_{jk}e_k, \quad i=1, 2, \cdots, n; \ j=1, 2, \cdots, l \tag{6-15}$$

$$w_{jk} = w_{jk} + \alpha \mathcal{H}_j e_k, \quad j=1, 2, \cdots, l; \ k=1, 2, \cdots, m \tag{6-16}$$

步骤6：对阈值进行更新。根据计算得到的误差对网络节点的阈值进行更新：

$$a_j = a_j + \alpha \mathcal{H}_j(1-\mathcal{H}_j)\sum_{k=1}^{m} w_{jk}e_k, \quad j=1, 2, \cdots, l \tag{6-17}$$

$$b_k = b_k + e_k, \quad k = 1, 2, \cdots, m \tag{6-18}$$

步骤 7：对迭代算法是否停止进行判断。如果不满足中止条件，则返回步骤 2 重新迭代计算。

2. AR 模型

AR 模型是统计上一种处理时间序列的常用方法，该模型利用旅游需求自身历史信息进行建模并对将来旅游需求进行预测。假设客流量时序 y_t 为平稳时间序列，则 AR 模型可以表示为式 (6-19)：

$$y_t = \varphi_0 + \sum_{i=1}^{p} \varphi_i y_{t-i} + e_t \tag{6-19}$$

其中，φ_0 为常数项，φ_i 为滞后项的待估参数，e_t 是均值为 0、方差为 σ^2 的白噪声过程，该模型的滞后项通过 AIC 和 BIC 准则综合确定。

（二）预测性能指标与显著性检验

利用 MAPE、PBIAS 以及 NSE 系数三个统计指标对各个模型的预测结果进行评估，三个指标的表达式分别如式（4-16）、式（4-18）以及式（4-21）所示。其中，MAPE 为相对指标，值越小，模型预测精度越高。PBIAS 度量拟合值平均偏离实际客流量值的程度或趋势，该值与 0 的距离越小，表明模型拟合程度越高。如果 PBIAS 取负值，意味着检验集上模型的预测值在平均意义上大于实际的客流量值，反之亦然。NSE 系数度量模型拟合实际数据的能力，其值越接近 1，拟合程度越高。

为检验本章构建的模型与基准模型之间的预测精度是否存在显著性差异，仍然采用常用的 DM 检验进行显著性检验。DM 检验的基本原理见第四章第四节。

四、本章预测框架

根据第四章的实证分析框架构建本章的预测框架，该框架包括数据收集、数据预处理及数据分析、模型设置及预测实验以及预测评估四个步骤，具体预测框架如图 6-3 所示。

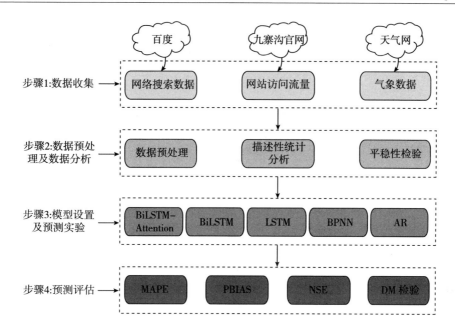

图 6-3　本章预测框架

第三节　实证分析

本小节从数据收集、数据预处理、数据分析以及预测结果与讨论四个方面进行实证分析。其中，预测实验包括三个部分：第一部分利用九寨沟风景区历史日度客流量信息和网络搜索数据进行预测。在第一部分的基础上，第二部分加入九寨沟旅游官网点击率数据以验证该数据的加入是否有助于模型预测精度的提高。在第一部分的基础上，第三部分检验气象因素的加入是否有助于改善模型预测精度。

一、实验数据的收集

为验证本章提出的预测模型在旅游需求预测中的有效性，以九寨沟风景区为研究对象，对其接待的日度客流量进行预测。根据九寨沟风景区旅游官方网站公布的数据，九寨沟景区 2019 年全年共接待游客 48 万人次，九寨沟全县旅游总收入达 17.6 亿元，比上年增长 9.3 倍。九寨沟旅游风景区每日接待的客流量波动较大，旅游淡季客流量偏少，日度接待客流量少则数百人次，旅游旺季客流量剧增，日接待客流量多达数万人次，淡旺季周期性波动特征明显，对其日度客流量进行预测具有重要的意义。

（一）历史客流量及官网点击率数据的收集

日度客流量（记为 y）数据来源于九寨沟旅游官方网站（http：//www. ji-uzhai. com/），记录的起始时间为 2012 年 5 月 25 日。由于 2017 年 8 月 8 日九寨沟发生地震，自地震当日起一段时间未记录客流量数据，所以客流量数据收集时间范围为 2012 年 5 月 25 日至 2017 年 8 月 7 日。同时收集该时间段九寨沟旅游官网点击率（记为 g）数据，近几年官网停止记录该数据，因而本章所有数据收集时间的截止时间均为 2017 年 8 月 7 日。日度客流量和日度点击量数据均为半结构化数据，通过 Python 爬取客流量和点击率数据。

（二）气象数据的收集

九寨沟旅游景区的历史气象数据和未来气象预报数据可直接从天气网（https：//www. tianqi. com/）免费获取。在本书中，借鉴 Jwb 等（2020）的做法，使用了天气状态和温度两种气象数据。其中，天气状态变量（*dummy*）主要包括小雨、多云、阵雨等各种天气状态（后文通过预处理后转化为虚拟变量）；温度包括每日的最高气温 T_{max} 和最低气温 T_{min}。数据收集的时间范围为 2012 年 5 月 25 日至 2017 年 8 月 7 日。由于天气网提供的天气和温度均为半结构化数据，因此通过 Python 爬取相关数据，进而组成备用气象数据集。

（三）网络搜索数据的收集

本章通过与第五章相同的方法获取网络搜索数据，数据收集的时间范围仍然为 2012 年 5 月 25 日到 2017 年 8 月 7 日。具体操作流程如下：

第一步，确定与九寨沟旅游相关的初始关键词。为保证获取尽可能多的关键词，查找与旅游六要素相关的关键词信息。例如，与住宿有关的初始关键词查询为"九寨沟住宿""九寨沟酒店"以及"九寨沟宾馆"。

第二步，以初始关键词为基础，查询与之相关的其他关键词，删除与九寨沟不相关的关键词以及存在大量观测值为 0 的关键词后共获取到 41 个关键词。

第三步，利用 Python 爬取 41 个关键词变量的观测值，进而组成备用关键词数据集。

二、数据预处理及数据分析

（一）数据预处理

1. 数据结构化处理

收集到的三类数据均为半结构化数据，因此需要将其结构化。客流量及旅游官网点击量、网络搜索数据的结构化处理较为容易，只需通过简单的步骤即可整理完成。气象数据中的最低温度和最高温度直接可以转化为结构化的数据，但每日的天气状态为字符型变量，需要通过定义虚拟变量的方法转化为软件可以识别的变量。具体而言，如果当某天有小雨、晴天、多云、阴天、下雪、雨夹雪等相关状态时，认为对客流量没有影响或影响极小，因此，令 $dummy = 0$，否则令 $dummy = 1$。

2. 数据清洗

由于日度客流量以及网络在线搜索行为对突发事件等十分敏感，关键词变量在某些时间点存在离群点，在个别时间点存在数据缺失情况，这些噪声信息严重干扰模型训练，导致参数估计偏误，影响预测的准确度。为此，根据第四章的数据预处理方法对日度客流量和关键词变量的一些异常点进行平滑处理，对个别观测点的缺失数据利用插值的方法进行替换，在最大程度保留数据趋势和波动性的同时避免了噪声信息的影响（Claveria and Torra，2014）。另外，由于九寨沟风景区旅游官网没有记录 2013 年国庆黄金周期间的日度客流量数据，删除 2013 年 10

月 8 日前的样本。因此，本章所有数据初始观测值的时间均调整为 2013 年 10 月 8 日。

（二）数据分析

由于收集到的关键词变量较多，需要利用统计方法选择与被预测变量相关性较强的关键词变量。针对收集到的 41 个关键词变量，利用皮尔森交叉相关性分析挖掘被预测变量与各个关键词变量的 0 到 120 阶滞后变量之间的相关关系；皮尔森交叉相关分析能够挖掘出关键词变量的最优滞后结构，使用 0 到 120 阶进行交叉相关分析是考虑到已有文献发现提前 1～3 个月的大多数网络信息搜索对景区客流量具有预测作用（Yang et al.，2015；Zhang et al.，2017）。以 0.74 为阈值确保能够获得恰当数量的关键词预测变量，通过筛选得到 16 个潜在关键词预测变量，分析发现对于日度数据而言，在 3 阶以上的滞后变量与被预测变量的相关性逐渐减弱。

虽然深度学习模型具有自动提取数据特征的能力，为减少模型训练复杂度，对潜在预测变量进一步进行筛选，以得到具有预测能力的预测变量。通过 ElasticNet 回归的方法对变量进行进一步筛选，使用这种方式方法所得到的模型就像纯粹的 Lasso 回归一样稀疏，但同时具有与岭回归提供的一样的正则化能力，从而挖掘出最具预测能力的预测变量。将 16 个潜在关键词变量以及被预测变量的滞后变量作为潜在预测变量，通过 ElasticNet 回归实验最终选出 8 个关键词变量。选出的 8 个关键词变量、网站点击率、气象数据以及被预测变量的 1 到 3 阶滞后变量与被预测变量之间的相关性分析见表 6-1。

表 6-1　预测变量 y 与被预测变量的皮尔森交叉相关性分析

预测变量	代码	滞后阶数	相关系数	t 统计量	p 值
y 的一阶滞后	y_{-1}	1	0.973***	157.400	<2.2e-16
y 的二阶滞后	y_{-2}	2	0.929***	93.781	<2.2e-16
y 的三阶滞后	y_{-3}	3	0.900***	77.192	<2.2e-16
九寨沟地图	x_1	1	0.877***	68.040	<2.2e-16

续表

预测变量	代码	滞后阶数	相关系数	t 统计量	p 值
黄龙	x_2	1	0.875***	67.327	<2.2e-16
成都到九寨沟	x_3	3	0.873***	66.777	<2.2e-16
重庆到九寨沟	x_4	2	0.851***	60.573	<2.2e-16
九寨沟酒店	x_5	2	0.846***	59.161	<2.2e-16
九寨沟旅游攻略	x_6	3	0.844***	58.695	<2.2e-16
九寨沟黄龙	x_7	3	0.822***	53.859	<2.2e-16
九寨	x_8	2	0.809***	51.376	<2.2e-16
官网点击量	g	1	0.682***	34.167	<2.2e-16
最高温度	T_{max}	3	0.698***	35.368	<2.2e-16
最低温度	T_{min}	8	0.739***	38.544	<2.2e-16
天气（虚拟变量）	$dummy$	—	—	—	—

注：***、**、*分别表示在1%、5%和10%的水平上显著。

从表6-1可以发现：①交叉相关分析得到的关键词预测变量的滞后阶数为1~3阶，并且这些变量与被预测变量之间有显著的相关性（1%水平），相关系数均达到了0.80以上，这充分反映了游客信息搜索行为与潜在的旅游需求之间的相关性，如大多数旅游者会提前3天左右查询旅游攻略和交通信息，提前2天左右搜索酒店等信息，提前1天左右查询地图和景点等信息；这与月度搜索数据反映的游客旅游需求有所差异，事实上，月度数据是在周度数据基础上进行了加权求和处理，会损失动态特征信息；选择的日度网络搜索数据更为准确地反映了客流量的动态特征，能够提前预示客流量的变化。②九寨沟官网点击率变量与被预测变量之间的相关性在1%水平显著，并且相关系数达到了0.682；该变量一定程度上反映了消费者潜在的旅游需求。③最高温度和最低温度两个变量与被预测变量之间也存在显著的相关性，相关系数分别达到了0.698和0.739，表明气象因素中的旅游目的地的温度也是游客旅游决策的重要影响因素。本章考察以上三类数据源在旅游需求预测中的有效性。

表6-2为各个变量的描述性统计分析。从各个统计量取值可以看出，除天气

状态变量以外，其他变量均有不同程度的波动；被预测变量满足基准模型 AR 的平稳性要求；除 AR 模型外，其他人工智能模型对变量平稳性没有要求，因而部分预测变量不平稳对模型构建和预测没有影响。

表 6-2　变量的基本描述性统计分析和 ADF 检验

变量	样本量	均值	标准差	最小值	最大值	ADF	结论
y	1400	12603.29	9481.32	595.00	41030.00	-3.410^{**}	平稳
x_1	1400	270.76	96.47	105.00	563.50	-2.457	不平稳
x_2	1400	1751.76	610.76	747.50	3630.50	-2.765^{*}	平稳
x_3	1400	1553.05	630.08	427.50	3543.00	-2.866^{**}	平稳
x_4	1400	490.36	174.44	189.50	1016.00	-2.506	不平稳
x_5	1400	208.61	60.45	126.50	417.00	-2.616^{*}	平稳
x_6	1400	3002.92	1849.72	780.50	8981.50	-3.325^{**}	平稳
x_7	1400	201.33	52.57	118.50	347.00	-1.912	不平稳
x_8	1400	321.78	98.77	173.50	667.50	-3.005^{**}	平稳
g	1400	5674.55	416.91	62.00	2257.50	-2.485	不平稳
T_{max}	1400	18.97	7.65	2.00	35.00	-2.295	不平稳
T_{min}	1400	8.85	7.27	-9.00	31.00	-1.912	不平稳
$dummy$	1400	0.15	0.36	0.00	1.00	—	—

注：***、**、*分别表示在 1%、5%和 10%的水平上显著。

图 6-4 直观地展示了所选 8 个关键词中的"九寨沟地图"和"九寨沟旅游攻略"两个关键词变量与实际接待的日度客流量之间的动态变化趋势。从图中可以发现，月度变量所不能呈现的细节信息，网络信息搜索与客流量呈周期性的联动波动性，在每个周期内又呈现出复杂的非线性特征。具体而言，在每年的 7 月中旬和 10 月初客流量会周期性地出现峰值，这主要是由于 7 月为我国的暑假，10 月初为我国的国庆节，这两个时间段客流量会剧增。在 3 月等其他时间段还会出现小的周期性峰值。每个关键词的动态波动特征又有一定的差异性，说明不同关键词查询从不同侧面反映了游客的潜在旅游需求，因而引入

相关系数较高的不同关键词有助于提供更为丰富的动态信息，可能有助于改善模型预测能力。

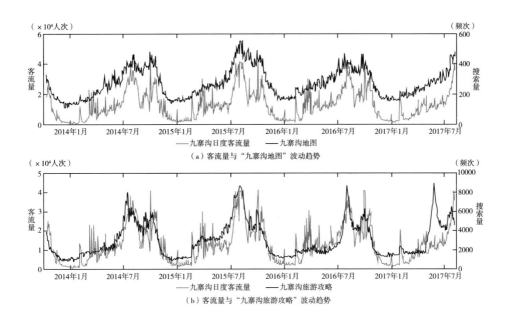

图 6-4 关键词"九寨沟地图"和"九寨沟旅游攻略"与九寨沟日度客流量趋势

图 6-5 和图 6-6 分别呈现了九寨沟温度以及天气状况虚拟变量与实际客流量之间的动态波动趋势。从图 6-5 可以发现，最高气温与最低气温之间的波动趋势基本一致，表明九寨沟每日温差较为稳定，并且与最低气温相比，每日最高温度的波动幅度更大。最低温度与最高温度均与被预测变量之间呈现较强的关联度，波动趋势一定程度上反映了客流量的变化。图 6-6 是每日天气状态与被预测变量之间的动态波动情况，从图中可以看出，大多数情况下天气状态变量反映了客流量的高峰和低谷时段的状态。后文就三个气象指标融合下的旅游需求预测效果进行分析。

将所有预测变量和被预测变量组成实验数据集：

$$\wp = \{ y_{-1}, \ y_{-2}, \ y_{-3}, \ x_1, \ x_2, \ \cdots, \ x_8, \ g, \ T_{max}, \ T_{min}; \ y \} \tag{6-20}$$

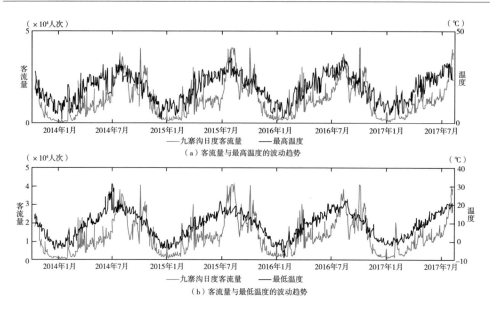

（a）客流量与最高温度的波动趋势

（b）客流量与最低温度的波动趋势

图 6-5　最高温度和最低温度与客流量趋势

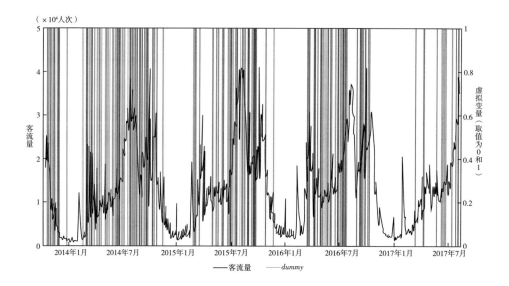

图 6-6　天气状态虚拟变量与客流量趋势

由于实验数据集包含不同类型的数据源，且变量之间的量纲和数量级不一致，本章利用 Z-score 标准化方法对数据进行标准化，实验结束后需要进行逆变换得到未标准化的预测值。为进行预测实验，将实验数据集分割为两部分，2010年 10 月 8 日到 2017 年 7 月 7 日共 1369 个数据点作为训练集，用于对模型进行训练，2017 年 7 月 8 日到 2017 年 8 月 7 日共计 31 天的数据用于预测检验。

三、预测结果与讨论

（一）参数设置

在实验之前，必须对人工智能模型的基本参数进行设置。所有模型在训练集上进行训练，并且引入均方误差（Mean Square Error，MSE）这一统计指标作为损失函数，最大训练轮数 Epoches 设置为 100 并且保证训练迭代停止时损失函数收敛，此时得到最优预测模型，然后利用训练的模型在检验集上进行预测检验。为避免过拟合，除 BPNN 以外，所有深度学习模型的隐藏层选择 Dropout 的随机化选择的概率为 0.5 来进行正则化，在大部分网络中能达到或接近最优的效果（Hinton et al.，2012）。各个模型的预测步长设置为 $h = 1$，3，6。

BPNN 使用传统的梯度下降算法进行优化，其他模型使用改进的随机梯度下降算法 RMSProp 进行参数迭代更新（Hinton，2012），该算法已被证明是一种有效且实用的深度神经网络优化算法。为尽量避免错过局部最优解，同时保证学习的复杂度，根据 Hinton 等（2012）的建议，所有模型学习率均设置为 0.01。每次参数更新时，批量大小（Batch Size）的正确选择是为了在内存效率和内存容量之间寻找最佳平衡，其大小将影响模型的优化程度和速度。考虑到训练样本相对较少，本章将所有深度学习模型训练样本的 Batch Size 设置为 20。

就激活函数而言，BPNN 的隐藏层采用 tansig 函数作为激活函数，输出层采用纯线性函数 Pureline 作为激活函数；DNN、DBN 以及 LSTM 类模型的输出层均采用 ReLU 函数作为激活函数，其他所有层均采用 tanh 函数作为激活函数。

本章基于 Keras 深度学习框架实施预测实验（Chollet，2015），Keras 是由 Python 语言编写的基于 Theano 和 Tensorflow 的深度学习框架。各个模型的具体参数设置如表 6-3 所示。

表6-3　各个模型关键参数设置

模型	单元数	激活函数	学习率	Dropout	Batch Size
BiLSTM-Attention	32	tanh，ReLU	0.01	0.5	20
BiLSTM	32	tanh，ReLU	0.01	0.5	20
LSTM	32	tanh，ReLU	0.01	0.5	20
BPNN	1	tansig，pureline	0.01	0	1369
AR	—	—	—	—	—

注：AR模型无须设置上述参数。

（二）基于网络搜索数据的预测结果与讨论

本部分利用历史客流量和8个关键词变量对九寨沟风景区2017年7月8日至2017年8月7日的日度客流量进行预测。首先，各个模型在训练集上进行模型训练，然后在检验集上进行预测，各个模型在检验集不同预测步长上的预测曲线如图6-7所示。从该图可以看出，各个模型的预测曲线均距离实际客流量曲线

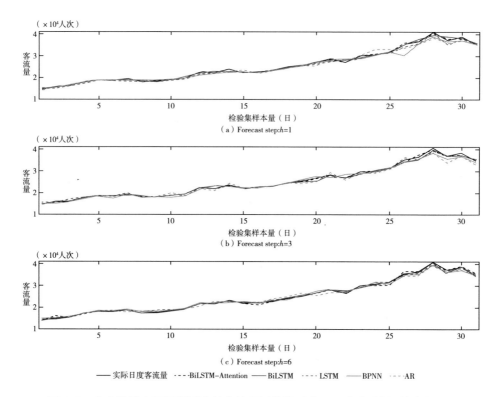

图6-7　各个模型在不同预测步长上的预测曲线对比（历史客流量+搜索数据）

较近，但 BiLSTM-Attention 模型的预测曲线与实际客流量曲线的偏离最近，并且在各个点的偏离程度较为稳定，而 BPNN 和 AR 模型的预测曲线与实际客流量曲线的偏离较远，并且随着时间的推移，偏离程度呈现出增大的趋势。这说明本章构建的预测方法能较好地拟合实际日度客流量，而 BPNN 和 AR 模型拟合实际数据的能力相对较差。各个模型的具体预测效果需要根据预测结果计算出预测性能指标值进行对比。

表 6-4 给出了不同预测步长上各个模型的 MAPE 和 PBIAS 两个指标值对比情况，各个模型在每个指标上的最佳值用加粗表示。从该表可以发现如下信息：①整体而言，本章构建的 BiLSTM-Attention 模型具有最高的预测精度，并且预测值与实际值的平均偏离程度较小。②就 MAPE 指标而言，BiLSTM-Attention 模型在各个预测步长上均为最小，其次分别是 BiLSTM、LSTM 和 BPNN 模型，AR 模型在各个预测步长上的 MAPE 指标值均为最大。这意味着本章构建的预测方法具有优异的预测能力，没有加入 Attention 机制的 BiLSTM 模型的预测精度表现稍差；而 LSTM 模型仅仅利用了单方向的时序信息，因而其预测能力不如 BiLSTM 模型；BPNN 为浅层学习技术，其预测精度不尽如人意；AR 模型仅仅利用了日度客流量的历史信息，因而其预测能力最差。③就 PBIAS 指标而言，虽在所有预测步长上并非某个模型的 PBIAS 指标值表现最佳，但各个模型的 PBIAS 指标值均非常接近于 0，这表明各个模型预测值与实际值的平均偏离程度均较小，模型拟合实际数据能力较强。另外，AR 模型在不同预测步长上的预测值在平均意义上均小于实际客流量值，而其他模型在不同预测步长上的预测值在平均意义上可能高于或低于实际客流量值。

表 6-4　检验集各个模型的 MAPE（%）和 PBIAS（%）两个指标值对比

（历史客流量+搜索数据）

模型	$h=1$		$h=3$		$h=6$	
	MAPE	PBIAS	MAPE	PBIAS	MAPE	PBIAS
BiLSTM-Attention	**1. 1191**	−0. 3021	**1. 0439**	0. 1429	**1. 1512**	−0. 2342

模型	h = 1		h = 3		h = 6	
	MAPE	PBIAS	MAPE	PBIAS	MAPE	PBIAS
BiLSTM	1.8526	**−0.0542**	1.2283	0.6008	1.3644	0.1528
LSTM	2.3861	1.6233	2.0309	**0.0709**	2.1361	−0.5857
BPNN	2.8340	1.4326	2.8392	1.5320	2.3886	**−0.0955**
AR	3.0194	0.7666	3.0093	2.1091	3.0523	0.3886

表 6-5 呈现了各个模型在不同预测步长上的 NSE 统计指标值对比。从该表可以看出，在 1 步和 3 步向前预测时域上 BiLSTM-Attention 模型的 NSE 指标值均为最大（加粗显示），在 6 步向前预测时域上 BiLSTM 模型的 NSE 指标值最大，但各个模型在不同预测步长上的 NSE 指标值均十分接近于 1，这进一步表明各个模型拟合实际数据的能力均较强，模型的质量较高，模型拟合数据的可信度较高。但综合而言，本章构建的预测方法在大多数情况下都表现更好，BPNN 和 AR 模型在各个预测步长上的 NSE 指标值相对较小，表明其拟合实际数据的能力稍差，模型拟合实际数据的可信度也相对较小。然而，本章构建的预测模型与基准模型之间的预测精度是否存在显著性差异仍需要进一步的显著性检验。

表 6-5　检验集各个模型的 NSE 指标值对比（历史客流量+搜索数据）

模型	h = 1	h = 3	h = 6
BiLSTM-Attention	**0.9973**	**0.9961**	0.9958
BiLSTM	0.9935	0.9947	**0.9964**
LSTM	0.9883	0.9909	0.9921
BPNN	0.9655	0.9836	0.9881
AR	0.9748	0.9759	0.9835

为进一步检验 BiLSTM-Attention 与各个基准模型之间的预测能力是否存在显著性差异，针对 MAPE 和 MSE 两个指标进行 DM 检验，检验结果如表 6-6 所示。从该表可以看出，无论是 MAPE 还是 MSE 的 DM 指标值均为负数，本章构建的 BiLSTM-Attention 预测方法与基准模型之间的预测精度在所有预测步长上均在

1%水平显著，这意味着构建的预测方法与基准模型之间的预测精度存在显著性差异，且 BiLSTM-Attention 的预测精度更高，可能的原因如下：①BiLSTM 模型没有加入 Attention 机制，未能对输入数据在不同时间点的重要性进行区别，因而其预测能力显著低于构建的 BiLSTM-Attention 模型。②LSTM 模型仅仅考虑了单向时序数据的信息，并且未能充分考虑输入数据集在不同时间的重要程度，因而其预测能力显著低于本章构建的预测方法，并且与 BiLSTM 基准模型之间的预测精度也存在一定的差距。③BPNN 为浅层学习技术，虽然具有一定的非线性预测能力，但该预测模型容易陷入局部最优和过拟合，因而其预测性能无法与深度学习方法媲美，其预测精度显著性低于 BiLSTM-Attention 模型。④AR 模型仅仅利用了历史客流量信息，虽然历史客流量满足平稳性要求，但该模型并未利用日度网络搜索数据的动态特征信息，因而其预测精度显著异于其他基准模型，与 BiL-STM-Attention 模型之间的预测精度存在显著性差异。

表 6-6　BiLSTM-Attention 与基准模型的预测精度显著性检验结果（历史客流量+搜索数据）

预测步长：h	DM 统计量（MAPE）			
	BiLSTM	LSTM	BPNN	AR
$h=1$	-17.530^{***}	-23.780^{***}	-9.375^{***}	-7.684^{***}
$h=3$	-3.780^{***}	-7.884^{***}	-20.710^{***}	-16.650^{***}
$h=6$	-4.473^{***}	-10.460^{***}	-20.680^{***}	-18.370^{***}
预测步长：h	DM 统计量（MSE）			
	BiLSTM	LSTM	BPNN	AR
$h=1$	-4.488^{***}	-5.830^{***}	-3.705^{***}	-3.931^{***}
$h=3$	-4.380^{***}	-15.090^{***}	-6.690^{***}	-4.013^{***}
$h=6$	-4.469^{***}	-7.540^{***}	-5.359^{***}	-10.800^{***}

注：①表中数字表示 DM 指标值；②$***$、$**$、$*$ 分别表示在1%、5%和10%的水平上显著；③DM 统计量的值为负，表示 BiLSTM-Attention 模型比基准模型的预测精度更高。

（三）基于搜索数据和景区旅游官网点击率的预测结果与讨论

本部分讨论在历史客流量信息、网络搜索数据的基础上加入官网点击率数据是否有助于改善模型预测精度。预测步长、各个模型的参数设置与上一部分实验一致。各个模型的预测曲线对比如图 6-8 所示。从该图可以发现，本章构建的 BiLSTM-Attention 模型总体上与实际日度客流量曲线的偏离程度较小，BPNN 模型和 AR 模型总体上与实际客流量曲线的偏离程度较大，并且随着时间的推移，偏离程度有增大的趋势，尤其是在客流高峰期 BPNN 和 AR 模型未能很好地拟合实际客流量数据。

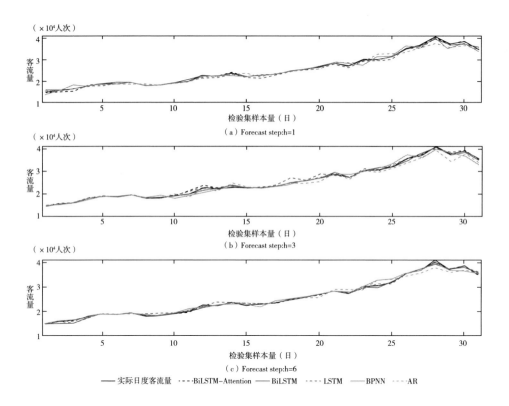

图 6-8　各个模型在不同预测步长上的预测曲线（历史客流量+搜索数据+网站点击率）

　　表 6-7 为各个模型在不同预测步长上的 MAPE 和 PBIAS 两个指标值对比情况。从该表可以发现如下信息：①总体而言，各个模型在不同预测步长上的两个指标表现较为稳定，但与基准模型相比，本章构建的 BiLSTM-Attention 模型在各个预测步长上的表现更好。②就 MAPE 指标而言，BiLSTM-Attention 模型在每个

预测步长上的指标值最小，基准模型在 MAPE 指标上的取值由小到大分别为 BiL-STM、LSTM、BPNN 以及 AR 模型。这表明与基准模型相比，本章构建的模型预测精度最高，基准模型预测能力由高到低分别为 BiLSTM、LSTM、BPNN 和 AR 模型。③就 PBIAS 指标而言，并非某个模型在所有预测步长上的表现最好，但各个模型的预测值与实际值的平均偏离程度均较小，模型拟合实际数据的能力较强。指标为正号和负号仅仅表示平均意义上的预测值分别低于和高于实际值。④与表 6-4 相比，各个模型在不同预测步长上的 MAPE 值均有不同程度的降低，这表明旅游官网点击率数据的加入有助于降低各个模型的预测误差率，但这种改善是否显著还需要进一步的显著性检验。

表 6-7　各个模型的 MAPE（%）和 PBIAS（%）指标值对比

（历史客流量+搜索数据+网站点击率）

模型	$h=1$		$h=3$		$h=6$	
	MAPE	PBIAS	MAPE	PBIAS	MAPE	PBIAS
BiLSTM−Attention	**0.8839**	0.0771	**0.9071**	−0.3129	**0.7724**	0.3449
BiLSTM	1.5268	**−0.0768**	1.0643	**0.1789**	1.1974	0.3140
LSTM	2.0531	1.6249	1.7636	−0.9058	1.8648	−0.2057
BPNN	2.5314	1.1449	2.5905	0.8017	2.1350	**−0.1699**
AR	3.0194	0.7666	3.0093	2.1091	3.0523	0.3886

注：加粗表示各个模型在单个预测步长上的最佳指标值。

表 6-8 为各个模型在不同预测步长上的 NSE 指标值对比。从该表可以发现，在各个预测步长上，BiLSTM-Attention 模型的指标值均为最大，这意味着本章构建预测方法拟合实际数据的能力最强，模型拟合实际数据的可信度相对较高。在每个预测步长上，BiLSTM、LSTM、BPNN、AR 四个基准模型在该指标上的值有减小的趋势，但整体上都非常接近于 1。

表 6-8　各个模型的 NSE 指标值对比（历史客流量+搜索数据+网站点击率）

模型	$h=1$	$h=3$	$h=6$
BiLSTM−Attention	**0.9985**	**0.9976**	**0.9989**

续表

模型	$h=1$	$h=3$	$h=6$
BiLSTM	0.9951	0.9960	0.9960
LSTM	0.9919	0.9816	0.9940
BPNN	0.9864	0.9820	0.9882
AR	0.9748	0.9759	0.9835

注：加粗表示各个模型在单个预测步长上的最佳指标值。

为说明本章构建模型与基准模型之间的预测精度是否存在显著性差异，利用 DM 检验对 MAPE 和 MSE 两个指标进行检验，检验结果如表 6-9 所示。从该表可以发现：①检验的所有 DM 指标值均为负，这意味着与基准模型相比，本章构建预测模型的预测精度更高。②无论是 MAPE 还是 MSE 指标，仅在 3 步向前预测时域上，虽然 DM 值为负数，但与 BiLSTM 模型相比，BiLSTM-Attention 模型的预测精度没有显著性提高。除此之外，BiLSTM-Attention 模型与基准模型之间的预测精度均在 1% 水平显著，这意味着总体上本章构建的预测模型的预测能力有显著性改善。

表 6-9　BiLSTM-Attention 与基准模型的显著性检验结果

（历史客流量+搜索数据+网站点击率）

预测步长：h	DM 统计量（MAPE）			
	BiLSTM	LSTM	BPNN	AR
$h=1$	-8.615^{***}	-5.656^{***}	-13.370^{***}	-5.302^{***}
$h=3$	-0.877	-4.861^{***}	-7.148^{***}	-6.061^{***}
$h=6$	-5.362^{***}	-7.206^{***}	-11.290^{***}	-7.765^{***}
预测步长：h	DM 统计量（MSE）			
	BiLSTM	LSTM	BPNN	AR
$h=1$	-4.730^{***}	-5.458^{***}	-6.659^{***}	-3.578^{***}
$h=3$	-1.574	-4.096^{***}	-3.336^{***}	-3.486^{***}
$h=6$	-3.712^{***}	-10.400^{***}	-5.169^{***}	-4.050^{***}

注：①表中数字表示 DM 指标值；②***、**、*分别表示在 1%、5% 和 10% 的水平上显著；③DM 统计量的值为负，表示 BiLSTM-Attention 模型比基准模型的预测精度更高。

为检验加入网站点击率变量后是否显著改善了各个模型的预测精度，利用 DM 检验对 MAPE 和 MSE 两个指标进行分析，DM 检验结果如表 6-10 所示。从该表可以发现如下信息：①由于 AR 模型仅仅利用历史客流量信息进行预测，因而其预测精度未发生变化。②各个模型在所有预测步长上的 DM 指标值均为负数，表明加入网站点击率变量在一定程度上提高了各个模型的预测精度。③在 1 步和 3 步向前预测时域上，加入网站点击率数据虽然提高了本章构建的模型预测能力，但这种改善并不显著；在 6 步向前预测时域上，就 MAPE 和 MSE 两个指标而言，构建模型预测精度的提高均在 1% 水平显著。④网站点击率数据的加入，其他基准模型预测精度上的改善与本章构建的预测方法情况类似，在大多数情况下有不同程度的提高。⑤虽然某些情况下预测精度的提高并不显著，但整体而言网站点击率数据的加入有助于不同程度降低本章构建模型的预测误差率。

表 6-10　加入网站点击率前后各个模型预测精度

（MAPE 及 MSE）的 DM 检验结果

模型	$h=1$：Ⅰ vs Ⅱ		$h=3$：Ⅰ vs Ⅱ		$h=6$：Ⅰ vs Ⅱ	
	MAPE	MSE	MAPE	MSE	MAPE	MSE
BiLSTM-Attention	−1.294	−1.607	−0.873	−1.346	−5.201***	−5.868***
BiLSTM	−1.818*	−1.795*	−3.186***	−2.809***	−3.068***	−1.307
LSTM	−3.157***	−2.597***	−1.660*	−0.275	−2.156**	−1.614
BPNN	−1.078	−2.608***	−1.660*	−1.029	−2.779***	−1.342***
AR	—	—	—	—	—	—

注：①表中数字表示 DM 指标值；②***、**、*分别表示在 1%、5% 和 10% 的水平上显著；③表中Ⅰ和Ⅱ对应的列分别表示加入网站点击率变量之前和之后的 DM 指标值；④AR 模型仅仅使用历史客流量进行预测，因此预测精度不变。

（四）基于搜索数据和气象数据的预测结果与讨论

本部分在历史客流量和网络搜索数据的基础上，讨论气象数据的加入是否有效改善模型的预测能力，气象数据包含每日最高温度、每日最低温度以及每日天气状态三个维度。为简单起见，所有模型在各个预测步长上的参数设置与第一部分一致，各个模型在检验集不同预测步长上的预测曲线如图6-9所示。该图呈现出与图6-7和图6-8类似的信息，BiLSTM-Attention模型的预测结果与实际观测值的偏离较小，并且在各个时间点的表现较为稳定，而基准模型中BPNN和AR两个模型的表现较差，其预测曲线与实际客流量曲线的偏离较大，在旅游高峰日的偏离尤为明显。其他基准模型的预测结果介于BiLSTM-Attention和BPNN之间。

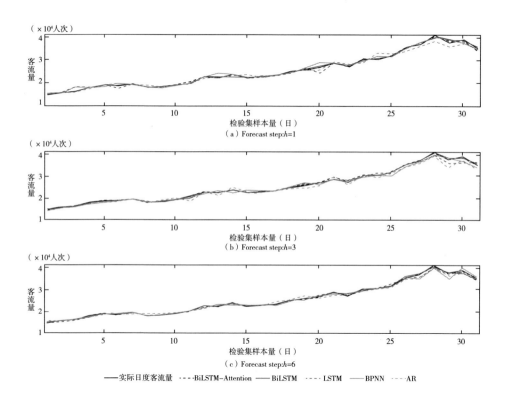

图6-9　各个模型在不同预测步长上的预测曲线（历史客流量+搜索数据+气象数据）

表6-11为各个模型在不同预测步长上的MAPE和PBIAS两个指标值的对比情况，该表呈现出如下信息：①就MAPE指标而言，BiLSTM-Attention在各个步长上的指标值均为最小，且表现较为稳定。BiLSTM、LSTM、BPNN以及AR四个基准模型在单个预测步长（h=1，3，6）上的指标值依次增大。这意味着本章构建的预测方法能准确识别时序输入双向的特征信息，能控制输入序列不同时间节

点的重要程度，进而分配相应的权重，从而具有最好的预测性能。②就 PBIAS 指标而言，1 步向前预测时域时，BiLSTM-Attention 模型的指标值表现最佳，3 步和 6 步向前预测时域时，BiLSTM 模型的指标值表现最佳，并且只有在 1 步向前预测时域时，BiLSTM 和 BPNN 两个模型在该指标上的值为负数。但整体而言，各个模型在单个预测步长上的指标值均非常接近于 0，表明各个模型的拟合值平均偏离实际客流量值的程度较小。

表 6-11　各个模型的 MAPE（%）和 PBIAS（%）指标值对比

（历史客流量+搜索数据+气象数据）

模型	h = 1		h = 3		h = 6	
	MAPE	PBIAS	MAPE	PBIAS	MAPE	PBIAS
BiLSTM-Attention	**0.7506**	**0.0518**	**0.7701**	0.0902	**0.7515**	0.4969
BiLSTM	0.8694	−0.2127	0.9491	**0.0143**	0.9388	**0.1352**
LSTM	1.9270	0.4272	1.6872	0.4553	1.8735	0.7876
BPNN	2.5627	−0.8123	2.6557	1.2246	2.0260	0.9181
AR	3.0194	0.7666	3.0093	2.1091	3.0523	0.3886

注：加粗表示各个模型在单个预测步长上的最佳指标值。

表 6-12 给出了各个模型在不同预测步长上的 NSE 指标值对比情况。从该表可以看出，BiLSTM-Attention 模型在各个预测步长上的 NSE 指标值最大，BiL-STM、LSTM、BPNN 以及 AR 四个基准模型在各个预测步长上的 NSE 指标值有减小的趋势，但所有模型在各个预测步长上的 NSE 指标值非常接近于 1。这表明各个模型很好拟合了实际客流量数据，但本章构建的预测方法拟合实际数据的效果更好，模型的质量更高，模型拟合数据的可信度也更高。

表 6-12　各个模型的 NSE 指标值对比 （历史客流量+搜索数据+气象数据）

模型	h = 1	h = 3	h = 6
BiLSTM-Attention	**0.9983**	**0.9984**	**0.9983**
BiLSTM	0.9977	0.9979	0.9973

模型	$h=1$	$h=3$	$h=6$
LSTM	0.9897	0.9898	0.9942
BPNN	0.9854	0.9850	0.9888
AR	0.9748	0.9759	0.9835

注：加粗表示各个模型在单个预测步长上的最佳指标值。

从前面分析可以发现，加入气象数据后，本章构建的 BiLSTM-Attention 模型的预测精度仍然更高，但与基准模型相比，这种差异是否具有显著性，需对预测精度进行 DM 检验，检验结果如表 6-13 所示。从该表可以发现：①就 MAPE 和 MSE 两个指标而言，所有 DM 统计量的值均为负数，这意味着本章构建的预测方法具有更高的预测精度。②就 MAPE 而言，除在 1 步向前预测时域上本章构建的模型与 BiLSTM 模型的预测精度在 10%水平显著外，所有基准模型的预测精度在所有预测步长上均在 1%水平显著。③就 MSE 而言，BiLSTM-Attention 与 BiLSTM 模型的预测精度在 1 步和 3 步预测时域分别在 5%和 10%水平显著外，所有基准模型的预测精度在所有预测步长上均在 1%水平显著。

表 6-13　BiLSTM-Attention 与基准模型的显著性检验

（历史客流量+搜索数据+气象数据）

预测步长：h	DM 统计量（MAPE）			
	BiLSTM	LSTM	BPNN	AR
$h=1$	−1.669*	−7.078***	−12.990***	−10.170***
$h=3$	−4.310***	−5.810***	−26.830***	−13.670***
$h=6$	−4.815***	−12.610***	−17.640***	−21.380***
预测步长：h	DM 统计量（MSE）			
	BiLSTM	LSTM	BPNN	AR
$h=1$	−2.400**	−9.030***	−21.690***	−4.179***
$h=3$	−1.903*	−2.908***	−6.800***	−4.020***
$h=6$	−3.486***	−13.280***	−4.015***	−12.990***

注：①表中数字表示 DM 指标值；② ***、**、*分别表示在 1%、5%和 10%的水平上显著；③DM 统计量的值为负，表示 BiLSTM-Attention 模型比基准模型的预测精度更高。

表6-14进一步列出了加入气象数据后各个模型的预测精度与未加入气象数据时各个模型的预测精度的显著性检验结果。从该表可以发现：①AR模型仅仅利用历史客流信息进行预测，因而是否利用气象数据进行预测对该模型预测结果没有影响。②所有模型在各个预测步长上的DM统计量值全为负数，意味着气象数据的加入提高了各个模型的预测精度。③就MAPE和MSE两个指标而言，BiLSTM-Attention模型和BiLSTM模型在各个预测步长上的预测精度均在1%水平显著，进一步说明了气象数据的加入显著改善了构建预测方法和BiLSTM模型的预测能力，这与Jwb等（2020）的结论基本一致。④加入气象数据后，LSTM模型和BPNN模型的预测精度除在个别情况下不显著外，在大多数情况下的预测精度均有不同程度的改善。

表6-14　加入气象数据前后各个模型预测精度（MAPE及MSE）的DM检验结果

模型	$h=1$：Ⅰvs Ⅱ		$h=3$：Ⅰvs Ⅱ		$h=6$：Ⅰvs Ⅱ	
	MAPE	MSE	MAPE	MSE	MAPE	MSE
BiLSTM-Attention	−8.368***	−6.645***	−3.956***	−3.616***	−7.594***	−8.424***
BiLSTM	−14.730***	−7.542***	−3.808***	−4.951***	−5.844***	−2.873***
LSTM	−2.948***	−0.562	−1.670*	−0.431	−5.540***	−5.638***
BPNN	−1.005	−2.181**	−2.279**	−1.521	−3.849***	−0.087
AR	—	—	—	—	—	—

　　注：①表中数字表示DM指标值；②***、**、*分别表示在1%、5%和10%的水平上显著；③表中的Ⅰ和Ⅱ对应的列分别表示加入气象数据之前和之后的DM指标值。

（五）稳健性检验

　　为进一步检验本章构建的预测方法的稳健性，通过变化检验集样本的方法进行预测实验，如果在变换后的各个新样本上的预测性能指标值和显著性检验仍然证实本章构建预测模型具有最优的预测性能，则可以认为构建的模型具有稳健性特征。为此，分别将检验集样本容量设置为10，25，40，55。为简单起见，稳健性检验部分仅仅考察MAPE指标的结果，并且仅讨论1步向前预测步长的预测结果。

表6-15给出了仅仅利用历史客流量信息和网络搜索数据作为模型输入集的预测结果，表6-16和表6-17分别呈现了加入网站点击率和气象数据时各个模型的预测结果。从三个表呈现出的结果来看：①总体而言，除加入气象数据后BiLSTM模型在检验集长度为10天时的值为最小外，BiLSTM-Attention模型在其他情况下不同检验集上均为最小值（加粗表示）且MAPE指标值较为稳定，这意味着本章构建的预测模型在各种情况下均具有优异的预测能力。②网站点击率数据的加入不同程度上改善了各个模型（AR模型除外）的预测精度；气象数据的加入不同程度上改善了各个模型（AR模型除外）的预测精度。

表6-15 各个模型在不同检验集上的MAPE（%）指标值对比

（历史客流量+搜索数据）

模型	10天	25天	40天	55天
BiLSTM-Attention	**0.7448**	**1.0721**	**1.0911**	**0.9904**
BiLSTM	1.2774	1.7868	1.9208	1.7575
LSTM	2.0799	2.2889	2.5295	2.2525
BPNN	3.1767	3.1591	3.1756	2.8023
AR	3.1756	3.1838	3.2371	3.3280

表6-16 各个模型在不同检验集上的MAPE（%）指标值对比

（历史客流量+搜索数据+网站点击率）

模型	10天	25天	40天	55天
BiLSTM-Attention	**0.6004**	**0.7040**	**0.8234**	**0.7140**
BiLSTM	1.0174	1.5663	1.5676	1.6066
LSTM	1.6981	2.0460	2.1852	1.9843
BPNN	2.7103	2.6324	2.6933	2.7196
AR	3.1756	3.1838	3.2371	3.3280

表6-17 各个模型在不同检验集上的MAPE（%）指标值对比

（历史客流量+搜索数据+气象数据）

模型	10天	25天	40天	55天
BiLSTM-Attention	0.6723	**0.7995**	**0.8210**	**0.7210**

续表

模型	10 天	25 天	40 天	55 天
BiLSTM	**0. 6520**	1. 4980	1. 6112	1. 7011
LSTM	1. 7756	1. 9953	2. 3900	1. 9875
BPNN	2. 8854	3. 0123	2. 8864	2. 5023
AR	3. 1756	3. 1838	3. 2371	3. 3280

本章构建的预测方法具有优异的预测性能并且在不同情形下表现较为稳健的可能原因如下：①BiLSTM－Attention 模型具有双向 LSTM 结构，从不同方向上利用了输入序列的动态特征信息。该模型同时识别了输入序列在不同时刻对预测的重要性而分配了不同的权重，因而能很好地拟合实际客流量数据，进一步证实了 Law 等（2019）的相关结论。②BiLSTM 基准模型没有引入 Attention 机制，其预测能力稍弱。③LSTM 基准模型仅仅利用了时序数据单方向的信息，没有引入 Attention 机制，因而其预测能力不如 BiLSTM 模型和 BiLSTM－Attention 模型。④虽然 BPNN 具有良好的非线性预测能力，但由于该模型为浅层学习方法，并且容易陷入局部最优以及过拟合等现象，因而该模型的预测能力较差。⑤AR 模型仅仅利用了历史客流量信息，虽然历史客流量满足平稳性要求，但该模型并未充分利用其他数据源的动态特征信息，因而 AR 模型在各种情况下的表现均为最差。

第四节　本章小结

精确的日度客流量预测能为旅游相关部门从微观层面的决策制定提供更为有用的信息。本章以九寨沟风景区为案例，利用历史客流量信息、百度搜索数据、旅游官网点击率以及气象数据对九寨沟日度客流量进行预测。

具体而言，本章从三个方面进行实证分析：首先，仅仅利用历史客流量信息和日度百度搜索数据进行预测。其次，在历史客流量和百度搜索数据的基础上加入九寨沟官网点击率数据进行预测实验，检验官网点击率数据的加入是否有效改善模型预测能力。最后，在历史客流量和网络搜索数据的基础上验证气象数据的加入是否显著提升模型的预测性能。研究结果一致表明：①与基准模型相比，本章构建的 BiLSTM-Attention 模型在不同预测步长上均能显著改善模型的预测能力。②网站点击率数据的加入在大多数情况下不同程度上改善了各个模型的预测精度。③气象数据的加入显著改善了各个模型在不同预测步长上的预测精度。

本章构建的预测方法具有优异的预测性能得益于以下原因：①双向 LSTM 模型的引入从不同方向上利用了输入序列的特征信息。②Attention 机制的引入有效识别了输入序列在不同时间点对预测的重要性，进而分配不同的权重。③气象数据和网站点击率数据蕴含丰富的动态特征信息，这些数据的加入一定程度上改善了模型的预测能力。

第七章　多数据源融合下的景区日度客流量预警研究

第一节　问题的提出

近几年，随着我国经济的快速发展，旅游业已然成为支柱性产业之一。《"十四五"旅游业发展规划》指出，到 2025 年，旅游业发展水平不断提升，现代旅游业体系更加健全，旅游有效供给、优质供给、弹性供给更为丰富，大众旅游消费需求得到更好满足。随着大众消费水平日益提高，消费者旅游需求意愿也得到进一步的释放，不再满足于基本的物质需求，对精神方面的追求更为强烈，旅游正成为消费者流行的休闲方式。

然而，旅游具有明显的季节性特征：一方面，我国法定节假日制度的实施，使得热门景区旅游高峰期客流量剧增，甚至超过景区的最大承载力，极易造成客流拥堵，旅游设施和旅游资源被破坏，严重影响游客旅游体验，也会给景区造成不可挽回的经济损失和负面影响（刘红芳，2009）。例如，2014 年 12 月 31 日上海外滩踩踏事件造成多人伤亡，这是由于未能提前做好安全预警，导致突发事件发生后现场未能及时做出应对，短时间内发生拥挤和踩踏事件，最终导致重大伤亡的公共安全事故。2018 年 9 月 26 日，在四川省宜宾市的僰王山景区发生一起游客踩踏事件和一起交通事故，导致游客受伤。2020 年 8 月 19 日，辽宁本溪虎谷峡景区内一处玻璃栈道游乐设施发生事故，造成游客伤亡事件发生。类似景区公共安全事件频频发生，给景区的公共安全管理带来了挑战。另一方面，旅游淡季客流量骤然减少，由于旅游资源的易逝性特征，大量旅游资源被闲置而未能得到充分利用，导致资源的严重浪费，进而影响景区的可持续发展。旅游景区是客流量控制的主体，如何有效地利用各种措施对景区客流量进行预警，出现警情科学制定策略来控制客流量是防止警情恶化和扩散的关键（汪秋菊、刘宇，2014）。党的十八大以来，党中央高度重视发展数字经济，并多次强调要推动互联网、大数据、人工智能和实体经济深度融合。在此背景下，利用旅游相关数据源，构建科学可行的景区客流量预测及预警框架并进行客流量预测与预警对于旅游景区的公共安全管理和风险防范等具有十分重要的意义，能为景区规划、旅游营销、战略调整以及投资管理等方面提供必要的信息支撑。

我国的旅游预警研究始于 20 世纪 90 年代，目前，国内外对旅游预警的理论和实践研究成果聚焦于旅游危机预警、旅游环境的承载力预警、旅游安全预警以及客流量的空间分布预警等层面，涉及国家、区域及城市等宏观预警（汪秋菊、刘宇，2014），主要借助宏观经济预警领域常用的景气指数法以及综合预警法等进行旅游预警。其中，景气指数方法通过收集旅游相关行业、宏观经济等数据，构建先行指标、一致指标以及滞后指标，进而构建预警体系，这种方法以经济周期理论为基础，是国内外常用的经济预警方法（Moore，1961；Carriero and Marcellino，2007；Zhang et al.，2009；任武军、李新，2016）。综合预警方法通过选择若干与旅游需求相关的宏观经济变量作为信号灯体系的基础，并设置阈值来判断旅游经济某个方面的冷热程度。具体而言，该方法借助了交通信号灯的做法，利用信号灯不同颜色来表征旅游经济所允许的状况，信号灯的颜色通常为"红""黄""绿""浅蓝"和"深蓝"五种颜色，分别代表了旅游经济的"过热""趋热""正常""趋冷"以及"过冷"的情形（戴斌等，2013），该方法较为直观地呈现了旅游经济预警的不同状态。

在各类预警中，更为微观层面的景区客流量预警则是以系统理论以及旅游预警管理理论为指导而构建的一种旅游景区客流量危机与预控系统。以景区为对象的客流量预警研究还相对较少，在具体的预警系统构建中，对警情的先兆指标的确定是关键的环节，已有研究主要根据景区客流量的各种影响因素确定先兆指标，影响因素主要是官方发布的统计数据，这些数据具有不同程度上的滞后性，很难为旅游相关部门的微观决策制定提供更为及时有效的信息。在信息技术不断进步的今天，传统的客流量预警体系的时效性受到巨大的挑战。本章引入多数据源在客流量预测的基础上进行客流量预警研究。

已有研究发现，网络搜索数据具有获取成本低、实时性强等特征，以日度或周度为频率的百度指数蕴含消费者潜在的旅游需求，能有效改善模型的预测精度（Zhang et al.，2020），因而将其作为客流量预警的潜在指标。另外，根据已有研究以及前几章的预测实验，气象数据、临近区域客流量、微信微博指数、旅游目的地飞机起降架次、景区旅游官网点击率、手机信令数据等不同数据源与旅游需求之间呈现出较强的相关性，这些数据中也蕴含有助于客流量预测的动态特征信息（Álvarez-Díaz and Rosselló-Nadal，2010；任武军、李新，2016），因而，在指标体系选择时，针对具体旅游景区，根据数据的可获取性选择对应的预测变量。

与已有研究不同，本章以多源日度数据作为指标体系，借助综合预警方法的基本思想构建景区客流量预警框架，进而以四姑娘山景区为案例，在客流量预测的基础上开展预警研究，根据预警结果发布警度预报，进而为景区的客流量预警与防控提供信息支撑。

第二节　基于多数据源的预警体系指标选择

为提高客流量预测及预警的时效性，构建及时稳定的预警指标体系，进而科学刻画旅游目的地或旅游景区的运行状态，需要充分融合不同数据源的动态特征信息，进而较为全面地为客流量预警服务。根据客观性、科学性和可行性原则，本章选取与日度客流量频率一致的数据源作为预警系统的指标，主要包括百度搜索数据、气象数据、社交媒体数据、临近区域接待客流量、旅游目的地交通数据、手机信令数据以及旅游官网点击率等（见图7-1），通过整合这些不同来源的旅游大数据，从而更为及时、准确地进行客流量预测与预警。由于数据的可获取性，即并非所有旅游景区都能够提供所有指标数据，在具体的案例分析时可能会采用指标体系的部分数据源进行客流量预测与预警。

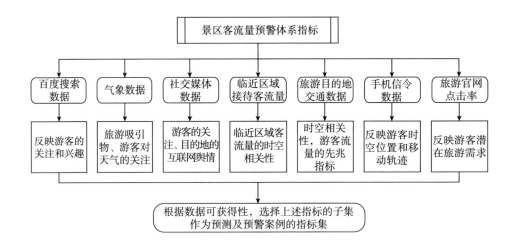

图7-1 景区客流量预警体系指标选择

网络搜索数据一般为日度或周度频率的数据。当游客制定出游决策时，通常会提前在百度、谷歌等搜索引擎搜索与旅游目的地"吃""住""行""游""购""娱"等旅游相关的信息，从而为出游做好充分的准备（Zhang et al.，2020）。这些被搜索引擎记录下来的搜索记录客观反映了消费者对旅游目的地的公共关注，是游客旅游需求的潜在表达，有助于改善模型预测精度（Yang et al.，2015；Zhang et al.，2020），进而被选为旅游景区客流量预警的指标之一。

气象数据本身是一种旅游资源和吸引物，并且气象因素是游客旅游决策的重要参考（Pan and Yang，2017），一定程度上影响旅游需求（Papatheodorou，

2001）。当旅游者出行旅游时，会通过各种渠道提前了解目的地的天气状况，因而景区的天气变化会影响客流量的变化。已有研究发现，气象指标与旅游需求之间存在相关性，旅游目的地气象数据的加入能改善模型预测精度（Falk，2014；陈荣，2014），因而，将气象指标选为旅游景区客流量预警的指标之一。

　　研究者还可以从微信指数、微博指数或在线评论等社交媒体数据的内容分析中获得对旅游需求预测有用的信息。一般而言，相较于服务提供商提供的信息，消费者更愿意相信网络大众提供的旅游目的地相关的评论（Xiang et al.，2015）。这些大量在线网络评论数据客观表达了游客内心深处的情感，一些研究揭示了在线评论在预测旅游产品销售和景区客流量等旅游需求预测方面的有用性（Schneider and Gupta，2016；Fan et al.，2017；Li et al.，2020）。另外，微信指数和微博指数也一定程度上反映了消费者的关注与兴趣，客观上反映了网民潜在的需求，能为社会舆情监测提供全新的数据来源（张伟，2015；梁丽雯，2017）。因此，将微信指数、微博指数以及旅游在线评论数据选为客流量预警体系的指标。

　　区域旅游目的地在地理上一般是相互关联的，游客出游更喜欢在区域内的多景点或多个旅游城市旅游，旅游目的地与旅游需求之间会存在某种联动（Long et al.，2019；Jiao et al.，2020）。因此，引入临近区域旅游需求的时空信息有助于提高模型预测的准确性（Long et al.，2019；Zheng et al.，2021）。另外，诸如机场飞机起降架次等交通流也是客流量的影响因素（Lu et al.，2021）。鉴于此，考虑到客流量的时空效应，本章将临近区域客流量以及交通数据作为客流量预警体系的指标。

　　随着移动通信技术的发展，通信基站记录了反映人们在时空维度移动的手机信令数据，这些海量数据背后隐藏着有价值的知识模式，使人类移动行为预测成为可能。在客流量预测领域，已有研究主要就客流的主要活动区域和分布进行预测（Jia，2013），这类数据具有实时性特征，一定程度上反映了游客的时空分布。随着信息技术的不断进步，基于手机信令数据的游客行为挖掘与客流量预测值得探索，因而将手机信令数据也作为客流量预警系统的指标。

　　旅游目的地官网点击率一定程度上反映了游客的关注和兴趣，与旅游需求之间呈现较强的相关性，已有研究表明，该类数据的加入不同程度上改善了模型的预测精度（Yang et al.，2014），第六章也通过实证分析发现这类数据有助于提高模型的预测能力。因此，将旅游官网点击率数据选为客流量预警系统的指标之一。

第三节　多数据源融合下的日度客流量预警框架构建

景区客流量预警是指对一定时期旅游目的地或景区客流量的主要影响因素进行监测，分析客流量可能存在的先兆，通过一定技术手段对客流量的发展趋势进行预测，确定预警程度，并及时发布预报，制定应急预案的体系（汪秋菊、刘宇，2014）。本章在已有研究（霍松涛，2006；任武军、李新，2016）的基础上，以多源日度数据为指标体系，借助综合预警方法的基本思想构建景区客流量预警框架。该框架包括警义确定、警情界定、警源分析、多源警兆识别、客流量预测、警度预报以及警度响应七个模块，具体预警框架如图 7-2 所示。

步骤 1：警义确定。由于不同的旅游目的地或景区可利用的指标体系中的数据源并非都可以获取，因此，需根据具体的旅游目的地或旅游景区选取可获取的数据源，作为客流量预警体系的指标。

步骤 2：警情界定。警情即预警的对象，根据预警目的的不同，预警对象可以是旅游收入、出入境游客流量、旅游饭店收入、酒店入住率等反映旅游需求的指标。本章将景区接待日度客流量作为警情的指标。

步骤 3：警源分析。警源具有多样性、动态性和复杂性等特征。根据推拉理论，警源可以从激励消费者出游的因素、吸引游客出游的影响因素以及一些阻碍游客出游的外部阻力等方面去分析。

步骤 4：多源警兆识别。警兆是旅游目的地或景区的客流量过高或过低而导致警情出现之前而表现出的一定先兆。需要从获取到的多数据源中利用皮尔森交叉相关分析等统计方法选取有助于预测和预警的先兆指标。

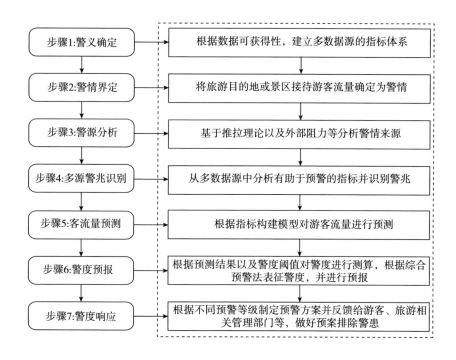

图 7-2　多数据源融合下的客流量预警框架

步骤 5：客流量预测。根据选择的具有预测能力的多源指标作为实验数据集，将实验数据集进行标准化处理并划分为训练集和检验集，根据实验数据的特征选择恰当的预测模型进行预测实验，在检验集进行预测及预警测试。

步骤 6：警度预报。通过预测得到的警情异常程度，也就是客流量的异常程度，称之为警度。要通过预测值、景区客流最差承载量等多个因素计算出警度，需预先设置预警的等级和对应的标准。假设旅游景区的日度客流量为 y，最大承载量为 ϑ_{max}，如果客流量超过该值，则会导致景区严重拥堵，对景区的可持续发展造成影响，甚至导致不可预知的经济损失。景区可承受的最低客流量（盈亏平衡时的客流量）为 ϑ_{min}，如果客流量低于该值，则景区入不敷出，盈利受到严重影响。警度 η 可以根据实时客流量、最大承载量 ϑ_{max} 以及可承受的最低客流量

$\vartheta_{\min}$ 等进行计算。依据《国家突发公共事件总体应急预案》预警的方法，在已有研究的基础上，根据客流量在保本容量之上（一般对应旅游旺季）或之下（一般对应旅游淡季）两类情况，分别将预警等级区分为重警（Ⅰ级）、轻警（Ⅱ级）和无警（Ⅲ级）三个等级。警度 η 的具体定义及预警等级划分如表 7-1 所示，警度值的绝对值越大，预警等级越高。事实上，预警等级的影响因素较为复杂，可能还与具体景区的管理水平、突发事件、景区的类型、空间可承载量、游客游览时间等因素有关，在实际应用中还应该结合实际问题进行分析，确定具体警度等级的取值范围，从而制定更为科学合理的预警方案。

表 7-1　警度 η 的定义及预警等级划分

实时客流量	η 的计算	取值范围
$y > \vartheta_{\max}$	$y \div \vartheta_{\max}$	$(1, +\infty)$
$y = \vartheta_{\max}$	1	1
$\vartheta_{\min} < y < \vartheta_{\max}$	$(y - \vartheta_{\min}) \div (\vartheta_{\max} - \vartheta_{\min})$	$(0, 1)$
$y = \vartheta_{\min}$	0	0
$y < \vartheta_{\min}$	$(y - \vartheta_{\min}) \div \vartheta_{\min}$	$[-1, 0)$

步骤 7：警度响应。根据上一步的警度预报，制定对应的预警响应方案。具体而言，针对客流量大于保本容量情况，如果警度为无警，发布Ⅲ级预警，发布做好进入准备状态的预警信息，继续对客流量的趋势进行动态监测即可。如果警度为轻警，通过各种媒介向游客和旅游相关管理部门发布Ⅱ级预警，提醒客流量可能会达到饱和状态，并启动限流方案，如限制线上门票预售额度。如果警度为重警，通过各种途径发布Ⅰ级预警，采取有效措施对景区进行有效管控，及时分散客流以防范重大警情的发生。当警度值等于或小于 0 时，表明客流量等于或低于最小容量，旅游淡季的来临会影响景区的盈利，这时也应该根据警度的具体取值启动预案，主要是通过各种渠道做好线上线下的营销、广泛宣传增加知名度、提升景区核心竞争力等手段尽可能吸引更多的客流。

第四节 景区日度客流量预警案例

一、指标选取及实验数据

本章以四川省四姑娘山风景区为案例，利用构建的客流量预警框架对四姑娘山风景区接待的日度游客流量进行预警研究。四姑娘山位于四川省阿坝藏族羌族自治州小金县四姑娘山镇境内，属青藏高原邛崃山脉，是世界自然遗产、国家级风景名胜区、国家地质公园，每年吸引大量国内外游客观光旅游。依据预警体系的指标设计，考虑到数据的可获取性，本章仅选取指标体系七类指标中的百度网络搜索数据和气象数据作为预测与预警的指标集。

警情为四姑娘山日度客流量，客流量数据来源于四姑娘山景区官方网站（https：//www.sgns.cn/），受新冠肺炎疫情的影响，数据收集时间范围为 2015年 9 月 28 日至 2020 年 1 月 20 日。四姑娘山日度客流量动态变化曲线如图 7-3所示。从该图可以看出，日度客流量呈现周期性波动，并且在年内的波动幅度较大。由于国庆黄金周的到来，每年日度客流量大值出现在 10 月 2 日左右；在每年 4 月 28 日左右还会出现小的波峰。每年 11 月左右客流量会回落，旅游淡季时间较长。因此，对四姑娘山的日度客流量进行预测与预警对景区的公共安全管理、营销方案制定和可持续发展等方面具有重要的意义。本章针对旅游旺季和旅游淡季分别进行客流预警研究。

气象数据来源于中国气象数据网（http：//www.nmic.cn/），本章收集四姑娘山 2015 年 9 月 28 日至 2020 年 1 月 20 日的日度气象数据，包括平均水汽压、平均相对湿度、最低气温以及最高气温四个气象指标。各个气象指标与客流量之间的波动趋势如图 7-4 所示。该图显示，各个气象指标与警情（被预测变量）之间存在一定的关联度和趋势，且气象指标的波动领先于日度客流量，表明气象因素蕴含游客旅游需求的动态特征信息。

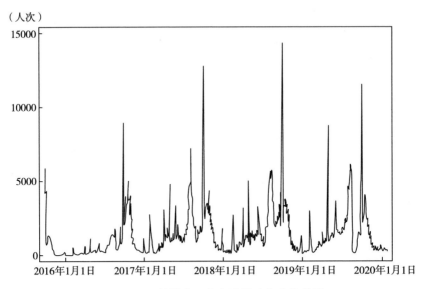

图7-3 四姑娘山日度客流量动态变化曲线

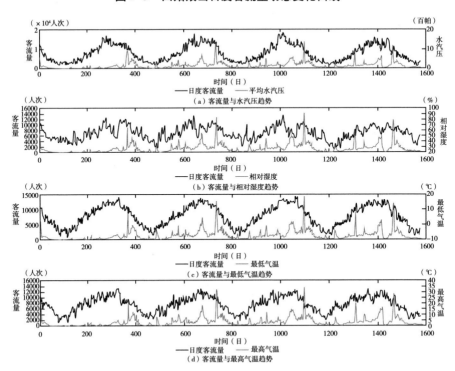

图7-4 各个气象指标与客流量之间的波动趋势

网络搜索数据来自百度指数（https：//index.baidu.com），百度指数提供日度搜索指数。考虑到四姑娘山为自然景观类景区，本章通过以下三个步骤获取关键词变量及其数据。首先，确定与四姑娘山旅游相关的基准关键词，这些关键词包括食宿、交通、自然景观、购物、娱乐、出行等信息。其次，循环查询与基准关键词相关的关键词。最后，收集到 18 个关键词组成备用关键词库，并收集 18 个关键词从 2015 年 9 月 28 日至 2020 年 1 月 20 日的日度搜索量时序数据。

为筛选出与日度客流量相关性较大的关键词变量，采用皮尔森交叉相关分析分别求出日度客流量与每个关键词变量的 0~120 阶滞后变量之间的最大相关系数；最大滞后阶数选择为 120 是考虑到尽可能找到最优滞后结构。为排除不相关的噪声信息的影响且保证保留具有预测能力的关键词变量，将相关系数的阈值设置为 0.65，考虑到部分关键词存在大量日度搜索量为 0 的情况，最终保留 6 个关键词变量并将其组成初始网络搜索数据集。图 7-5 直观展示了其中的 "双桥沟（S1）" 和 "长坪沟（S2）" 两个关键词变量分别与日度客流量之间的动态变化

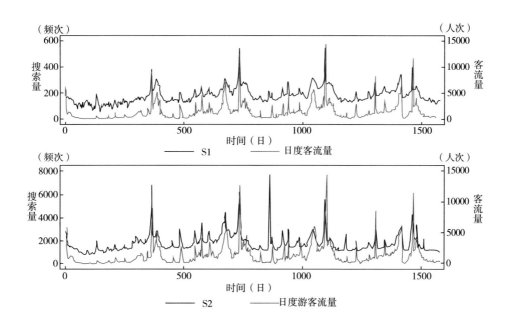

图 7-5 "双桥沟"和"长坪沟"两个关键词变量与日度客流量的波动趋势

趋势，可以发现，两个关键词变量的波动特征与警情十分类似，并且两个关键词变量的波动一定程度上领先于日度客流量的波动，而不同的关键词在周期内波动特征又表现出一定的异质性。表明关键词变量从不同侧面反映了游客的关注度，有助于客流量的预测与预警。

由于日度数据存在大量噪声信息，一些异常值无法客观反映游客的关注，可能是由于目的地的营销宣传或发生重大突发事件等导致的异常搜索量，因而需要利用趋势平滑的方法对所选的关键词变量的异常值进行处理，通过该方式，保留了变量的原有波动特征，同时消除了噪声信息的影响，改善了预测变量与被预测变量的相关性（Claveria and Torra，2014；曹文超、干宏程，2021）。所选关键词变量与被预测变量的交叉相关分析结果如表7-2所示。该表显示，信息搜索项与景区客流量之间存在显著的相关性，并且最优滞后阶数为4~6，表明对这些关键词的信息搜索行为发生在旅游行为之前4~6天，这些信息搜索能够提前预示到客流量的波动。另外，由于客流量的惯性特征，前一日和前两日客流量与被预测变量之间的相关系数达到了0.80以上，并且在1%水平显著，表明前一日和前两日的客流量信息有助于客流量预测与预警。

表7-2　关键词变量与客流量 y 之间的皮尔森交叉相关分析

关键词变量	相关系数	滞后阶数	关键词变量	相关系数	滞后阶数
双桥沟	0.8343***	4	四姑娘山门票	0.7243***	5
长坪沟	0.7859***	4	四姑娘山在哪里	0.6675***	6
四姑娘山天气	0.7974***	5	y_{-1}	0.9084***	1
四姑娘山	0.7052***	5	y_{-2}	0.8025***	2

注：***、**、*分别表示相关系数在1%、5%和10%的水平上显著。

将四姑娘山客流量作为被预测变量，前一日和前两日的客流量、6个关键词变量以及4个气象指标作为预测变量，构成预测与预警分析的实验数据集。为了避免数据量纲和数量级不一致对预测与预警造成的影响，利用 Z-score 法对实验数据进行标准化处理，预测结束再进行标准化公式的逆变换。本章针对旅游旺季和淡季的客流量分别进行预测与预警研究，为此，将实验数据集分割为训练集和检验集两个部分。针对旅游旺季，训练集为 2015 年 9 月 28 日至 2019 年 9 月 30 日的样本，检验集为包括国庆黄金周在内的 10 天时间，即 2019 年 10 月 1 日至 2019 年 10 月 10 日的观测数据；针对旅游淡季，检验集为 2020 年 1 月 1 日至 2020 年 1 月 20 日的数据，其余部分为训练集；首先在训练集上进行模型训练，然后在检验集上进行预测和预警实验。

二、景区客流量预测

预警实验需在客流量预测的基础上进行，为进行预测实验，考虑到多数据源指标的非线性特征以及时序数据的长期依赖性，利用第六章构建的 BiLSTM-Attention 深度学习模型进行预测实验，并利用 MAPE 相对指标和 RMSE 绝对指标衡量模型的预测精度。参数设置方面，模型的隐藏单元数设置为 120，epoch 设置为 100 且保证停止迭代时损失函数收敛，初始学习率为 0.005，输入序列长度设置为 20，MiniBatchSize 设置为 20。模型在两个检验集上的预测结果如表 7-3 所示。该

表 7-3　BiLSTM-Attention 模型预测结果

旅游淡季						旅游旺季		
日期	实际	预测	日期	实际	预测	日期	实际	预测
2020-01-01	516	477.9	2020-01-11	483	457.3	2019-10-01	5471	5763.9
2020-01-02	454	410.4	2020-01-12	440	420.8	2019-10-02	10858	9042.0
2020-01-03	242	257.9	2020-01-13	329	342.9	2019-10-03	13758	13964.0
2020-01-04	471	425.7	2020-01-14	204	238.5	2019-10-04	12969	12001.6
2020-01-05	290	255.3	2020-01-15	700	668.7	2019-10-05	10825	11912.1
2020-01-06	128	139.8	2020-01-16	182	165.7	2019-10-06	5657	6099.2
2020-01-07	211	239.7	2020-01-17	265	296.2	2019-10-07	2111	2303.7
2020-01-08	237	232.3	2020-01-18	361	356.9	2019-10-08	1480	1596.9
2020-01-09	115	136.5	2020-01-09	408	415.7	2019-10-09	1936	1801.8
2020-01-10	188	221.5	2020-01-20	502	489.6	2019-10-10	2395	2309.4
MAPE					**8.40%**			**7.64%**
RMSE					**26.72**			**762.58**

表显示，BiLSTM-Attention 模型较好地拟合了原始客流量数据，在旅游旺季检验集上，该模型的 MAPE 和 RMSE 指标值分别为 8.40% 和 26.72；在旅游淡季检验集上，该模型的 MAPE 和 RMSE 指标值分别为 7.64% 和 762.58。

三、客流量预警

（一）警度值的测算

阿坝旅游官方网站数据显示，2021 年四姑娘山景区单日游客最大承载量定为 18000 人，但单日游客最大量会根据具体情况作出动态调整。例如，2016 年 9 月 22 日，四姑娘山景区管理局发布"十一黄金周"限流公告，公告称，为确保旅游秩序和安全，按照《中华人民共和国旅游法》规定，景区"十一黄金周"将实行限流进入。据此，四姑娘山景区三条沟最大承载量分别为：双桥沟每天最大承载量为 4000 人；长坪沟每天最大承载量为 4000 人；海子沟每天最大承载量为 4000 人；景区单日总体最大承载量为 12000 人。事实上，景区单日最大承载量的影响因素较为复杂，本章依据《景区最大承载量核定导则》并征求行业专家的意见，结合四姑娘山各个景点的日度承载量，将四姑娘山单日客流最大容量值确定为 11500 人。考虑疫情因素，根据 2019 年四姑娘山接待总游客数、景区旅游收入、平均人均花费、可变成本等因素，粗略估算出旅游保本容量的值为 500 人。在已有研究的基础上，根据警度的定义并结合行业专家的建议，警度等级的设定如表 7-4 所示。

表 7-4　四姑娘山日度客流量预警等级划分

预警等级	高客流量取值范围	低客流量取值范围	信号灯颜色
Ⅰ级	$[1.5, +\infty)$	$[-1, -0.5)$	红色
Ⅱ级	$[1, 1.5)$	$[-0.5, 0)$	黄色
Ⅲ级	$[0, 1)$	$[0, 1)$	绿色

根据预警等级的划分，就旅游旺季客流量大于等于保本容量值而言，当警度 η 的值为大于等于 0 小于 1 时，客流量无异常现象，无警情发生，预警等级为Ⅲ

级，信号灯的颜色定义为绿色。如果 η 的值为大于等于 1 小于 1.5，表明游客流量可能达到景区最大承载量，预警等级为 Ⅱ 级，有轻度警情，信号灯的颜色定义为黄色。如果 η 的值大于等于 1.5，客流量超过最大承载量，有重度警情，预警等级为 Ⅰ 级，信号灯的颜色定义为红色。反之，旅游淡季警度 η 的值小于 1，如果 η 的取值范围为大于等于 0 小于 1，为 Ⅲ 级预警，无警情，信号灯颜色为绿色。如果 η 的值为大于等于 -0.5 小于 0，表明客流量低于正常水平，有轻度警情，景区的盈利会受到轻微影响，预警等级为 Ⅱ 级，信号灯的颜色定义为黄色。如果 η 的范围为大于等于 -1 小于 -0.5，表明客流量严重低于正常水平，有重度警情，景区或目的地的盈利会受到严重影响，预警等级为 Ⅰ 级，信号灯的颜色定义为红色。

在预测值的基础上，根据警度定义和预警等级的划分，旅游淡季和旅游旺季的预测警度值和实际警度值的测算对比如表 7-5 和表 7-6 所示。表 7-5 显示，在包括国庆长假的旅游旺季期间，预测的日度客流量警度等级与实际客流量警度等级一致，预警准确率为 100%。其中，实际客流量的警度等级和预测警度等级为无警（Ⅲ级）天数均为 8 天，占总预警天数的 80%，Ⅱ级轻度警度天数为 2 天，占总预警天数的 20%，这可能是景区根据单日最大客流量进行了限制，实际客流量一般情况下低于最大承载容量。以上结果表明，预测模型对客流量的拟合比较准确，预测及预警方法能很好地对旅游旺季的日度客流量进行预警。

表 7-5 旅游旺季实际与预测客流量预警警度值测算结果对比

日期	实际 η 值	信号灯颜色	预测 η 值	信号灯颜色
2019-10-01	0.432	绿色	0.458	绿色
2019-10-02	0.901	绿色	0.743	绿色
2019-10-03	1.153	黄色	1.171	黄色
2019-10-04	1.084	黄色	1.001	黄色
2019-10-05	0.898	绿色	0.992	绿色
2019-10-06	0.448	绿色	0.487	绿色
2019-10-07	0.140	绿色	0.157	绿色

日期	实际 η 值	信号灯颜色	预测 η 值	信号灯颜色
2019-10-08	0.085	绿色	0.095	绿色
2019-10-09	0.125	绿色	0.113	绿色
2019-10-10	0.165	绿色	0.157	绿色

表 7-6 显示，在旅游淡季的 20 天预警中，有三天的预测客流量预警等级与实际客流量预警等级不一致，仅占总预测天数的 15%，正确率为 85%。另外，在 20 天的预警中，绝大多数时间的预警等级为 I 级和 II 级警度，表明旅游淡季日度客流量严重低于保本容量，景区盈利水平受到严重影响。

表 7-6　旅游淡季实际与预测客流量预警警度值测算结果对比

日期	实际 η 值	信号灯颜色	预测 η 值	信号灯颜色	日期	实际 η 值	信号灯颜色	预测 η 值	信号灯颜色
2020-01-01	0.001	绿色	-0.044	黄色	2020-01-11	-0.034	黄色	-0.085	黄色
2020-01-02	-0.092	黄色	-0.179	黄色	2020-01-12	-0.120	黄色	-0.158	黄色
2020-01-03	-0.516	红色	-0.484	黄色	2020-01-13	-0.342	黄色	-0.314	黄色
2020-01-04	-0.058	黄色	-0.149	黄色	2020-01-14	-0.592	红色	-0.523	红色
2020-01-05	-0.420	黄色	-0.489	黄色	2020-01-15	0.017	绿色	0.015	绿色
2020-01-06	-0.744	红色	-0.720	红色	2020-01-16	-0.636	红色	-0.669	红色
2020-01-07	-0.578	红色	-0.521	红色	2020-01-17	-0.470	黄色	-0.408	黄色
2020-01-08	-0.526	红色	-0.535	红色	2020-01-18	-0.278	黄色	-0.286	黄色
2020-01-09	-0.770	红色	-0.727	红色	2020-01-09	-0.184	黄色	-0.169	黄色
2020-01-10	-0.624	红色	-0.557	红色	2020-01-20	0.001	绿色	-0.021	黄色

（二）警度预报与响应

从旅游旺季预警结果来看，除 10 月 3 日和 4 日的客流量稍大，预警等级为中度（II 级）外，其他均为轻度（III 级）。针对轻度警度，景区一般无警情发生，景区只需正常发布预报结果并继续做好客流量监测即可。而针对 3 日和 4 日的客流高峰期，景区需要在发布警情的基础上做好应急预案，随时准备启动售票熔断机制，在各个景点增加管理人员，做好客流量的流动管理，合理引导高容量景点的客流量向低容量景点流动。事实上，国庆长假期间为旅游高峰期，四姑娘山景区会根据实际情况通过网上预售票等方式对景区单日客流量进行限制，并通过官方网站等媒介公布景区的单日最大承载量，因而实际客流量一般不会超过景区规定的单日最大承载量，旅游旺季预警等级大多数情况下为轻度警情。

旅游淡季大多数时间客流量较少，甚至低于景区旅游保本容量值，预警结果大多数情况下为Ⅰ级或Ⅱ级，严重影响景区的盈利水平。除发布警情外，旅游相关管理部门应该启动应急预案，通过各种方式提升景区的核心竞争力，针对客源市场利用抖音等现代媒介做好营销宣传，针对不同旅游群体实行门票优惠政策，从而吸引更多游客，以最大程度降低经济损失和旅游资源的浪费。

第五节　本章小结

旅游预警主要包括旅游危机预警、旅游环境的承载力预警、旅游安全预警以及客流量的空间分布预警等层面，本章旨在构建客流量预警指标体系和预警框架，利用多个数据源对景区客流量进行预警研究。

具体而言，以四姑娘山风景区为案例，考虑到数据的可获取性，选择指标体系中的网络搜索数据和气象因素作为实验数据源，筛选出具有预测能力的指标，利用对复杂时序具有良好预测能力的 BiLSTM-Attention 深度学习模型对四姑娘山日度客流量进行预测；考虑到旅游的季节性特征，分别对旅游旺季（2019 年 10 月 1 日到 2019 年 10 月 10 日）和旅游淡季（2020 年 1 月 1 日到 2020 年 1 月 20 日）的客流量进行预测。通过测算景区最大日度客流承载量和日度保本客流量值，根据警度值的定义进一步测算出旅游旺季和旅游淡季的警度值。研究结果表明，BiLSTM-Attention 模型能够较好地拟合日度客流量，基于预测值的预警结果表明，预测的预警等级在大多数情况下与实际客流量的预警等级一致。最后根据预警结果有针对性地提出警度预报与响应相关的建议。

在客流量预测与预警中，由于数据的不可获取性，未能利用指标体系中的其他数据源。在实际客流量预警实践中，充分收集可利用的所有指标，可能会进一步改善预测与预警的准确性。另外，景区最大日度承载客流量和日度保本客流量值的测算较为复杂，受多方面因素的影响，因此，本章对四姑娘山的最大日度客流承载量和保本容量的测算可能与实际情况存在一定的偏差，进而影响预警等级的划分；预警结果也受预警等级之间的边界划分影响。在预警实践中，需要根据景区的具体情况更有针对性地对最大承载量和保本容量进行计算，进而使得预测的预警等级更符合实际情况，从而做出科学合理的警度预报与响应，服务旅游景区的可持续发展。

第八章　结论与建议

第一节　研究结论

　　旅游需求预测以预测的准确性和时效性为主要目标。科学合理的预测可以为景区客流量预警提供必要的信息支撑，是景区公共安全管理的重要环节；基于预测结果的景区客流量预警有助于提前做好针对性的预案，化解风险，避免不可预知的公共安全事件的发生，最大程度减少旅游资源的闲置而导致的经济损失，进而实现景区可持续发展。随着互联网的全面发展和信息技术的进步，可用于旅游需求预测的旅游相关数据源日益增多，本书旨在针多数据源实验数据的不同特征构建模型对景区客流量进行预测，并构建客流量预警框架进行客流量预警研究。

　　具体而言，在总结旅游需求预测与预警相关文献的基础上，梳理旅游需求预测相关理论，构建旅游需求预测框架，为后续的旅游需求预测实验和预警研究提供支撑。第五章和第六章为预测实验部分，第五章针对实验数据频率的不一致，利用网络搜索数据、交通数据和临近区域客流量数据作为实验数据，构建 MIDAS 合并预测方法，对海南三亚接待月度客流量进行预测。第六章根据实验数据的复杂特征构建 BiLSTM-Attention 深度学习方法，利用网络搜索数据、气象数据和九寨沟官方网站点击率数据对九寨沟日度客流量进行预测研究。第七章为客流量预警研究，以四姑娘山为案例，通过构建预警指标体系和预警框架，收集网络搜索数据和气象数据，针对旅游旺季和旅游淡季，利用第六章构建的 BiLSTM-Attention 模型对日度客流量进行预测；定义警度，对景区日度最大承载量和保本容量进行测算，进而利用预测值计算预警等级，并基于预警结果提出预警方案。具体结论如下：

（1）考虑到网络搜索数据的稀疏性和高维度特征，第五章基于多源混频数据的海南三亚月度客流量预测结果表明，基于 MIDAS 模型构建的合并预测技术有助于改善模型预测能力，同时保证建模的简约性和灵活性；由于不同数据源蕴含有助于旅游需求预测的动态特征信息，多数据源的融合有助于模型预测精度的改善；交通数据的加入显著改善了模型预测能力；作为临近旅游城市的万宁接待客流量信息的加入有助于显著改善模型预测性能。

（2）第六章基于多数据源的九寨沟日度客流量预测结果表明，构建的 BiLSTM-Attention 深度学习预测方法能有效改善模型预测精度，这主要得益于 BiLSTM 单元能同时识别输入的时序数据不同方向上的特征信息，Attention 机制能够根据输入序列在不同时间点的重要程度分配对应的权重；气象数据的加入能显著提升模型的预测能力；旅游官网点击率数据的加入也能够在大多数情况下较为显著地改善模型预测精度。

（3）第七章以四姑娘山为案例，根据数据的可获取性，以网络搜索数据和气象数据作为实验数据集，利用 BiLSTM-Attention 模型对旅游旺季和旅游淡季两个检验集分别执行预测，基于预测结果进行预警。结果表明，模型较好地拟合了实验数据，预测的预警等级在旅游旺季和旅游淡季两个检验集上与实际预警等级吻合度较高。

第二节　政策建议

旅游需求预测及预警的最终目的是为景区公共安全管理和决策制定提供建议和信息支撑，为游客提供必要的预警信息。根据前几章的实证分析，提出如下几点建议：

（1）加强对旅游相关数据的收集与发布。通过已有研究和本书实证分析发现，与旅游需求相关的网络信息搜索数据、交通数据、临近景点景区或旅游城市的旅游需求数据、气象数据、旅游景区官方网站点击率数据、手机信令数据、旅游景区相关评论数据以及微信微博等社交媒体指数均在不同程度上有助于旅游需求预测与预警。因此，在数字经济时代，各旅游相关部门或企业应该重视旅游相关数据的收集、整理和非隐私数据的及时公开，同时保证数据的真实性，为旅游需求预测及预警提供实时、宝贵的数据资源。

（2）健全景区客流量实时预测与预警机制。对于建立健全景区客流量实时预测与预警机制，要求数据发布的高频性和时效性，成立专门的客流量预测与预警部门并由专业人员负责。需要注重几个基本步骤：一是旅游相关数据的可获取性和科学采集，对噪声数据进行预处理，以挖掘有助于预测与预警的领先指标集。二是对收集、整理得到的数据建立预测与预警数据库，并进行备份及安全保存，以防数据丢失。三是根据数据的特征，构建恰当的预测模型进行预测。四是在预测的基础上，根据景区的各方面因素并咨询行业专家确定景区客流最大承载量和保本容量值，借助预警一般框架并根据警度的定义测算预警等级。五是在预测的基础上进行预警等级测算，根据预警结果及时向游客、景区及旅游相关部门公布预警信息，旅游相关管理部门应根据预警等级及时做好预案和进一步的决策。

（3）建立和健全景区客流量预测与预警系统和信息发布子系统。信息发布子系统重在信息发布的便捷性和时效性，其发布途径主要包括手机短信、旅游官方网站、抖音以及微信微博等媒介，预警等级由相关管理部门审核后要注重预报的准确性和及时性。

第三节　研究不足与展望

在基于多数据源的景区客流量预测与预警研究中，预测及预警结果的准确性受多方面因素的影响，本书在研究中存在以下不足：

（1）在预测实验中，由于具体景区旅游相关数据的不可获取性，未能收集到有助于旅游需求预测预警的其他数据源。具体而言，第五章收集了网络搜索数据、交通数据以及临近区域客流量数据对三亚月度客流量进行预测；第六章收集了网络搜索数据、气象数据和景区官方网站点击率数据对九寨沟日度客流量进行预测；第七章收集网络搜索数据和气象数据对四姑娘山日度客流量进行预测及预警研究。在将来的研究中，尽可能收集旅游相关的大数据并检验其融合下的旅游需求预测与预警效果。

（2）在预警研究中，景区最大客流承载量和保本容量受多方面因素的影响，其测算较为复杂，不同测算方法会影响具体的预警等级。另外，Ⅰ、Ⅱ、Ⅲ三个预警等级之间的临界点的划分也存在一定的主观性。设计更为科学合理的方法，对景区最大客流承载量、保本容量以及预警等级之间的临界点进行测算，将有助于开展更为科学合理的预警实践。

参考文献

［1］鲍青青，唐善茂，刘胜峰等．基于粗神经网络的旅游需求预测研究［J］．安徽农业科学，2006，34（17）：4437-4438+4440.

［2］曹建军，刁兴春，汪挺等．领域无关数据清洗研究综述［J］．计算机科学，2010，37（5）：26-29.

［3］曹文超，干宏程．基于 WiFi 数据的地铁车站客流预警模型［J］．计算机工程与应用，2021，57（13）：233-238.

［4］陈强．高级计量经济学及 Stata 应用［M］．北京：高等教育出版社，2014.

［5］陈荣，梁昌勇，陆文星等．基于季节 SVR-PSO 的旅游客流量预测模型研究［J］．系统工程理论与实践，2014，34（5）：1290-1296.

［6］陈荣．基于支持向量回归的旅游短期客流量预测模型研究［D］．合肥：合肥工业大学，2014.

［7］戴斌，周晓歌，李仲广等．中国旅游经济监测与预警研究［M］．北京：旅游教育出版社，2013.

［8］董倩，孙娜娜，李伟．基于网络搜索数据的房地产价格预测［J］．统计研究，2014，31（10）：81-88.

［9］范明，孟小峰．数据挖掘：概念与技术［M］．北京：机械工业出版社，2012.

［10］符饶．移动位置预测方法研究与实现［D］．北京：北京邮电大学，2015.

［11］管于华．统计学［M］．北京：高等教育出版社，2005.

［12］韩宏．基于需要层次理论的旅游需求满足探析［J］．旅游纵览，2015（4）：25.

［13］何晓群．多元统计分析［M］．北京：中国人民大学出版社，2015.

［14］胡本田，年靖宇．基于网络搜索数据的房地产价格指数的短期预测［J］．铜陵学院学报，2018（6）：20-25.

［15］胡博，刘荣，丁维岱．Stata统计分析与应用［M］．北京：电子工业出版社，2013.

［16］霍松涛．旅游目的地旅游预警系统的研究［D］．开封：河南大学，2006.

［17］焦淑华，夏冰，徐海静等．BP神经网络预测的MATLAB实现［J］．哈尔滨金融高等专科学校学报，2009（1）：55-56.

［18］李春晓，李海鹰，蒋熙等．基于广义动态模糊神经网络的短时车站进站客流量预测［J］．都市快轨交通，2015（4）：57-61.

［19］李惠．旅游体验中异地感研究［D］．大连：东北财经大学，2018.

［20］李九全，李开宇，张艳芳．旅游危机事件与旅游业危机管理［J］．人文地理，2003，18（6）：35-39.

［21］李宁．基于网络搜索数据的房地产价格指数预测［D］．青岛：青岛大学，2015.

［22］李树民，温秀．论我国旅游业突发性危机预警机制建构［J］．西北大学学报（哲学社会科学版），2004，34（5）：45-48.

［23］李霞．基于BP神经网络的销售预测研究［D］．上海：上海交通大学，2013.

［24］李新，汪寿阳．互联网海量搜索数据挖掘研究及其在预测和预警中的应用［M］．北京：科学出版社，2020.

［25］李秀婷，刘凡，董纪昌等．基于互联网搜索数据的中国流感监测 ［J］．系统工程理论与实践，2013，33（12）：3028-3034.

［26］李秀霞．构建现代旅游资源产权制度与旅游业可持续发展能力研究 ［J］．商业研究，2006（9）：119-121.

［27］李元．基于网络搜索的中国股票市场预测研究 ［D］．南京：南京大学，2014.

［28］厉新建，张辉．旅游经济学——理论与发展 ［M］．大连：东北财经大学出版社，2002.

［29］梁丽雯．"微信指数"上线，助力舆情监控 ［J］．金融科技时代，2017（4）：85.

［30］梁雪松．旅游消费需求与交通工具选择的相关性研究——基于高铁与航空运输视角 ［J］．经济问题探索，2012（11）：123-130.

［31］刘红芳．景区旅游预警系统分析研究 ［J］．长春师范学院学报（自然科学版），2009，28（12）：63-66.

［32］刘佳霖，张爱华，段婧．基于百度用户关注度的电影票房分析 ［EB/OL］．［2012-10-19］．http：//www. paper. edu. cn/releasepaper/content/201210-196.

［33］刘敏．基于网络搜索数据的房价预测分析——以上海市房价为例 ［D］．济南：山东大学，2018.

［34］刘颖，吕本富，彭赓．网络搜索对股票市场的预测能力：理论分析与实证检验 ［J］．经济管理，2011，33（1）：172-180.

［35］马惠娣．中国旅游发展笔谈——假期制度与旅游（二）［J］．旅游学刊，2009（11）：5-12.

［36］倪晓宁，戴斌．中国旅游市场景气指数计算与分析 ［J］．北京第二外国语学院学报，2007（11）：1-4+10.

［37］牛保明．析马斯洛"自我实现理论"的成因 ［J］．殷都学刊，1995（1）：85-87.

［38］彭永娟．基于旅游动机视角的来华旅居者旅游市场开发研究［D］．郑州：郑州大学，2015.

［39］秦炳旺．我国经济型酒店景气指数研究［D］．上海：华东师范大学，2009.

［40］秦明．工作倦怠、休闲活动对健康、情绪及主观幸福感的影响［D］．北京：北京师范大学，2009.

［41］邱扶东，吴明证．旅游决策影响因素研究［J］．心理科学，2004，27（5）：1214-1217.

［42］曲玲．消费者网络行为对电影首映票房的影响研究［D］．大连：大连理工大学，2019.

［43］任武军，李新．基于多源大数据的旅游预警系统架构设计［J］．科技促进发展，2016（2）：162-167.

［44］任学慧，王月．滨海城市旅游安全预警与事故应急救援系统设计［J］．地理科学进展，2005，24（4）：123-128.

［45］斯蒂芬·L. J. 史密斯．旅游决策与分析方法［M］．北京：中国旅游出版社，1991.

［46］宋双杰，曹阵，杨坤．投资者关注与IPO异象［J］．经济研究，2011（S1）：145-155.

［47］隋盘，邵彤．气候变化对目的地旅游需求影响研究综述［J］．沈阳师范大学学报（社会科学版），2007，31（4）：26-29.

［48］孙根年，马丽君．西安旅游气候舒适度与客流量年内变化相关性分析［J］．旅游学刊，2007，22（7）：34-39.

［49］孙文存．基于搜索关键词关注度的中国股票市场波动研究［D］．哈尔滨：哈尔滨工业大学，2012.

［50］孙毅，吕本富，陈航等．基于网络搜索行为的消费者信心指数构建及应用研究［J］．管理评论，2014（10）：117-125.

［51］田里．旅游经济学［M］．北京：科学出版社，2021.

［52］汪德根，陈田，刘昌雪等．发达地区居民对节假日调整影响休闲旅游的感知分析——以上海、杭州和苏州为例［J］．地理研究，2009（5）：1414-1426.

［53］汪鸿．旅游需求、旅游消费及旅游影响因素分析研究［J］．经济研究导刊，2015（4）：253-255+314.

［54］汪秋菊，刘宇．基于网络关注度的旅游景区客流量预警：研究框架与实证分析——以国家游泳中心水立方为例［J］．旅游论坛，2014，7（5）：9-15+25.

［55］王博永，杨欣．基于网络搜索的房地产政策调控效果研究［J］．管理评论，2014（9）：78-88.

［56］王炼，贾建民．基于网络搜索的票房预测模型——来自中国电影市场的证据［J］．系统工程理论与实践，2014，34（12）：3079-3090.

［57］王炼．网络环境下基于消费者搜索的市场预测研究［D］．成都：西南交通大学，2014.

［58］王思韬，韩斌，蒲琪．基于移动通信数据分析的Elman神经网络城市轨道交通客流预测［J］．城市轨道交通研究，2017（9）：69-73.

［59］王小川，史峰，郁磊等．MATLAB神经网络43个案例分析［M］．北京：北京航空航天大学出版社，2013.

［60］王新峰．中国旅游景气指数实证研究［J］．统计教育，2010（11）：55-60.

［61］吴珏，潘徐．基于用户内容消费数据的电影票房预测模型探索［J］．全球传媒学刊，2018，5（3）：96-107.

［62］吴普，葛全胜，齐晓波等．气候因素对滨海旅游目的地旅游需求的影响——以海南岛为例［J］．资源科学，2010（1）：157-162.

［63］吴普，葛全胜．海南旅游客流量年内变化与气候的相关性分析［J］．地理研究，2009，28（4）：1078-1084.

［64］谢彦君．基础旅游学［M］．北京：中国旅游出版社，2004.

［65］阳含熙，卢泽愚．植物生态学的数量分类方法［M］．北京：科学出版社，1981．

［66］杨飞．基于手机定位的交通 OD 数据获取技术［J］．系统工程，2007（1）：42-48．

［67］杨辅祥，刘云超，段智华．数据清理综述［J］．计算机应用研究，2002，19（3）：3-5．

［68］杨艳红，曾庆，赵寒等．基于谷歌趋势的乙型肝炎预测模型［J］．上海交通大学学报（医学版），2013，33（2）：204-208．

［69］姚蔚蔚，尹启华．我国乡村旅游存在的问题及发展策略［J］．农业经济，2018（1）：59-61．

［70］袁恒．基于网络搜索指数的市场预测模型及应用研究［D］．重庆：重庆邮电大学，2016．

［71］袁庆玉，彭赓，刘颖等．基于网络关键词搜索数据的汽车销量预测研究［J］．管理学家（学术版），2011（1）：12-24．

［72］曾忠禄，郑勇．基于计量经济学模型的内地赴澳门游客量预测［J］．旅游科学，2009，23（3）：55-61．

［73］张斌．饭店业经济预警系统研究［D］．桂林：桂林理工大学，2010．

［74］张斌儒，黄先开，刘树林．基于网络搜索数据的旅游收入预测——以海南省为例［J］．经济问题探索，2015（8）：154-160．

［75］张斌儒，刘树林，张超锋等．互联网环境下基于消费者搜索的酒店入住率预测研究［J］．统计与信息论坛，2018，33（3）：93-99．

［76］张斌儒．基于消费者搜索的旅游需求预测研究［M］．北京：经济管理出版社，2018．

［77］张郴，张捷．中国入境旅游需求预测的神经网络集成模型研究［J］．地理科学，2011，31（10）：5．

［78］张崇，吕本富，彭赓等．网络搜索数据与 CPI 的相关性研究［J］．管理科学学报，2012，15（7）：50-59．

［79］张洪武，冯思佳，赵文龙等．基于网络用户搜索行为的健康信息需求分析［J］．医学信息学杂志，2011，32（5）：13-18．

［80］张捷，钟士恩，卢韶婧．旅游规划中的共性与多样性博弈——乡村旅游规划规范及示范的若干思考［J］．旅游学刊，2014，29（6）：10-11．

［81］张明洁，刘少军，张京红等．海南岛气候舒适度与年内客流量变化的相关性分析［J］．气象研究与应用，2013，34（4）：42-47．

［82］张世满．休假制度与旅游需求实现之间的制约因素［J］．旅游学刊，2009，24（11）：7-8．

［83］张伟．基于微博文本挖掘的投资者情绪与股票市场表现研究［D］．济南：山东大学，2015．

［84］张岳军，张宁．高速铁路对沿线城市旅游的影响效应与作用机制研究［J］．铁道运输与经济，2013，35（9）：84-88．

［85］郑勇，邹文篪．旅游需求预测［M］．北京：中国社会科学出版社，2013．

［86］左现娟．太原市老年旅游市场需求调查及开发策略［D］．太原：山西大学，2012．

［87］Afzaal M，Usman M．Fong A．Predictive Aspect-Based Sentiment Classification of Online Tourist Reviews［J］．Journal of Information Science，2019，45（3）：341-363．

［88］Aggarwal S，Aggarwal S．Deep Investment in Financial Markets Using Deep Learning Models［J］．International Journal of Computer Applications，2017，162（2）：40-43．

［89］Akal M．Forecasting Turkey's Tourism Revenues by ARMAX Model［J］．Tourism Management，2004，25（5）：565-580．

［90］Althouse B M，Ng Y Y，Cummings D A．Prediction of Dengue Incidence Using Search Query Surveillance［J］．PLoS Neglected Tropical Diseases，2011，5（8）：e1258．

［91］Andreou E, Ghysels E, Kourtellos A. Forecasting with Mixed-frequency Data ［M］//Clements M, Hendry D. Oxford Handbook of Economic Forecasting, 2011.

［92］Andreou E, Ghysels E, Kourtellos A. Should Macroeconomic Forecasters Use Daily Financial Data and How? ［J］. Journal of Business and Economic Statistics, 2013, 31 （2）: 240-251.

［93］Askitas N, Zimmermann K F. Google Econometrics and Unemployment Forecasting ［J］. General Information, 2009, 55 （2）: 107-120.

［94］Assaf A G, Tsionas M G. Forecasting Occupancy Rate with Bayesian Compression Methods ［J］. Annals of Tourism Research, 2019, 75 （5）: 439-449.

［95］Assaf A G, Li G, Song H, et al. Modeling and Forecasting Regional Tourism Demand Using the Bayesian Global Vector Auto Regressive （BGVAR） Model ［J］. Journal of Travel Research, 2019, 58 （3）: 383-397.

［96］Athanasopoulos G, Hyndman R J, Song H, et al. The Tourism Forecasting Competition ［J］. International Journal of Forecasting, 2011, 27 （3）: 822-844.

［97］Athiyaman A, Robertson R W. Time Series Forecasting Techniques: Short-Term Planning in Tourism ［J］. International Journal of Contemporary Hospitality Management, 1992, 4 （4）: 8-11.

［98］Au N, Law R. The Application of Rough Sets to Sightseeing Expenditures ［J］. Journal of Travel Research, 2000, 39 （1）: 70-77.

［99］Álvarez-Díaz M, Rosselló-Nadal J. Forecasting British Tourist Arrivals in the Balearic Islands Using Meteorological Variables ［J］. Tourism Economics, 2010, 16 （1）: 153-168.

［100］Bangwayo-Skeete P F, Skeete R W. Can Google Data Improve the Forecasting Performance of Tourist Arrivals? Mixed-Data Sampling Approach ［J］. Tourism Management, 2015 （46）: 454-464.

［101］Barreira N, Godinho P, Melo P. Nowcasting Unemployment Rate and New Car Sales in South-western Europe with Google Trends ［J］. Netnomics Economic Research and Electronic Networking, 2013, 14 (3): 129-165.

[102] Becken S. Measuring the Effect of Weather on Tourism: A Destination–and Activity–Based Analysis [J]. Journal of Travel Research, 2013, 52 (2): 156-167.

[103] Bengio Y. Learning Deep Architectures for AI [J]. Foundations and Trends in Machine Learning, 2009, 2 (1): 1-127.

[104] Bigné E, Oltra E, Andreu L. Harnessing Stakeholder Input on Twitter: A Case Study of Short Breaks in Spanish Tourist Cities [J]. Tourism Management, 2019, 71 (6): 490-503.

[105] Blunk S S, Clark D E, McGibany J M. Evaluating the Long-Run Impacts of the 9/11 Terrorist Attacks on US Domestic Airline Travel [J]. Applied Economics, 2006, 38 (4): 363-370.

[106] Bonham C, Edmonds C, Mak J. The Impact of 9/11 and Other Terrible Global Events on Tourism in the United States and Hawaii [J]. Journal of Travel Research, 2006, 45 (1): 99-110.

[107] Box G, Jenkins G M, Reinsel G C. Time Series Analysis: Forecasting and Control [M]. New Jersey: Wiley, 2008.

[108] Breyer B N, Sen S, Aaronson D S, et al. Use of Google Insights for Search to Track Seasonal and Geographic Kidney Stone Incidence in the United States [J]. Urology, 2011, 78 (2): 267-271.

[109] Brigo F, Igwe S C, Ausserer H, et al. Why do People Google Epilepsy?: An Infodemiological Study of Online Behavior for Epilepsy–Related Search Terms [J]. Epilepsy and Behavior, 2014, 31 (2): 67-70.

[110] Brynjolfsson E, Geva T, Reichman S. Crowd–Squared: Amplifying the Predictive Power of Search Trend Data [J]. MIS Quarterly, 2016, 40 (4): 941-961.

[111] Bull A. The Economics of Travel and Tourism [M]. London: Pearson

Longman, 1995.

[112] Carneiro H A, Mylonakis E. Google Trends: A Web-Based Tool For Real-Time Surveillance of Disease Outbreaks [J]. Clinical Infectious Diseases, 2009, 49 (10): 1557-1564.

[113] Carriero A, Marcellino M. A Comparison of Methods for the Construction of Composite Coincident and Leading Indexes for the UK [J]. International Journal of Forecasting, 2007, 23 (2): 219-236.

[114] Chan F, Lim C, McAleer M. Modelling Multivariate International Tourism Demand and Volatility [J]. Tourism Management, 2005, 26 (3): 459-471.

[115] Chang C C, Lin C J. LIBSVM: A Library for Support Vector Machines [J]. ACM Transactions on Intelligent Systems and Technology, 2011, 2 (3): 1-27.

[116] Chang J H, Tsai C E, Chiang J H. Using Heterogeneous Social Media as Auxiliary Information to Improve Hotel Recommendation Performance [J]. IEEE Access, 2018 (6): 42647-42660.

[117] Chang Y W, Tsai C Y. Apply Deep Learning Neural Network to Forecast Number of Tourists [C] // International Conference on Advanced Information Networking and Applications Workshops (WAINA), 2017: 259-264.

[118] Chen K Y. Combining Linear and Nonlinear Model in Forecasting Tourism Demand [J]. Expert Systems with Applications, 2011, 38 (8): 10368-10376.

[119] Chen R, Liang C Y, Hong W C, et al. Forecasting Holiday Daily Tourist Flow Based on Seasonal Support Vector Regression with Adaptive Genetic Algorithm [J]. Applied Soft Computing, 2015 (26): 435-443.

[120] Choi H, Varian H. Predicting the Present with Google Trends [J]. Economic Record, 2012 (88): 2-9.

[121] Choi J G. Developing an Economic Indicator System (a Forecasting Technique) for the Hotel Industry [J]. International Journal of Hospitality Management, 2003, 22 (2): 147-159.

［122］Chollet K. Keras－team/Keras ［EB/OL］. https：//github. com/fchollet/keras, 2015.

［123］Claveria O, Torra S. Forecasting Tourism Demand to Catalonia：Neural Networks vs. Time Series Models ［J］. Economic Modelling, 2014 （36）：220-228.

［124］Clements M P, Hendry D F. Forecasting Economic Time Series ［M］. Cambridge：Cambridge University Press, 1998.

［125］Colladon A F, Guardabascio B, Innarella R. Using Social Network and Semantic Analysis to Analyze Online Travel Forums and Forecast Tourism Demand ［J］. Decision Support Systems, 2019 （123）：113075.

［126］Crompton J L. Motivations for Pleasure Vacation ［J］. Annals of Tourism Research, 1979, 6 （4）：408-424.

［127］D'Amuri F, Marcucci J. "Google it！" Forecasting the US Unemployment Rate with a Google Job Search Index ［R］. ISER Working Paper Series, 2009.

［128］Dean J, Corrado G, Monga R, et al. Large Scale Distributed Deep Networks ［J］. Advances in Neural Information Processing Systems, 2012：1223-1231.

［129］Deng L, Yu D. Deep Learning：Methods and Application ［J］. Foundations and Trends in Signal Processing, 2014, 7 （3）：197-387.

［130］Dergiades T, Mavragani E, Pan B. Google Trends and Tourists' Arrivals：Emerging Biases and Proposed Corrections ［J］. Tourism Management, 2018 （66）：108-120.

［131］Diebold F X, Mariano R S. Comparing Predictive Accuracy ［J］. Journal of Business and Economic Statistics, 1995 （13）：253-263.

［132］Divino J A, McAleer M. Modelling and Forecasting Daily International Mass Tourism to Peru ［J］. Tourism Management, 2010, 31 （6）：846-854.

［133］Emili S, Figini P, Guizzardi A. Modelling International Monthly Tourism Demand at the Micro Destination Level with Climate Indicators and Web－Traffic Data ［J］. Tourism Economics, 2019, 26 （7）：1129-1151.

［134］Falk M. Impact of Long-Term Weather on Domestic and Foreign Winter Tourism Demand ［J］. International Journal of Tourism Research, 2013, 15 （1）: 1-17.

［135］Falk M. Impact of Weather Conditions on Tourism Demand in the Peak Summer Season over the Last 50 Years ［J］. Tourism Management Perspectives, 2014 （9）: 24-35.

［136］Fan Z P, Che Y J, Chen Z Y. Product Sales Forecasting Using Online Reviews and Historical Sales Data: A Method Combining the Bass Model and Sentiment Analysis ［J］. Journal of Business Research, 2017 （74）: 90-100.

［137］Fesenmaier D R, Cook S D, Zach F, et al. Travelers' Use of the Internet ［M］. Washington DC: Travel Industry Association of America, 2009.

［138］Foroni C, Marcellino M, Schumacher C. U-MIDAS: MIDAS Regressions with Unrestricted Lag Polynomials ［J］. Cepr Discussion Papers, 2011, 178 （1）: 57-82.

［139］Gers F A, Schmidhuber J, Cummins F. Learning to Forget: Continual Prediction with LSTM ［J］. Neural Computation, 2000, 12 （10）: 2451-2471.

［140］Ghysels E, Santa-Clara P, Valkanov R. There is a Risk-Return Trade-Off After All ［J］. Journal of Financial Economics, 2005 （76）: 509-548.

［141］Ghysels E, Valkanov A. MIDAS Regressions: Further Results and New Directions ［J］. Econometric Reviews, 2007 （26）: 53-90.

［142］Ghysels E, Valkanov R. The MIDAS Touch: Mixed Data Sampling Regression Models ［J］. Cirano Working Papers, 2004, 5 （1）: 512-517.

［143］Ginsberg J. Detecting Influenza Epidemics Using Search Engine Query Data ［J］. Nature, 2009 （457）: 1012-1014.

［144］Glynn R W, Kelly J C, Coffey N, et al. The Effect of Breast Cancer Awareness Month on Internet Search Activity: A Comparison with Awareness Campaigns for Lung and Prostate Cancer ［J］. BMC Cancer, 2011: 2042-2049.

［145］ Gnoth J. Tourism Motivation and Expectation Formation ［J］. Annals of Tourism Research, 1997, 24 （2）: 283-304.

［146］ Goel S, Hofman J M, Lahaie S, et al. Predicting Consumer Behavior with Web Search ［J］. Proceedings of the National Academy of Sciences of the United States of America, 2010, 107 （41）: 17486-17490.

［147］ Goh C, Law R, Mok H M. Analyzing and Forecasting Tourism Demand: A Rough Sets Approach ［J］. Journal of Travel Research, 2008, 46 （3）: 327-338.

［148］ Goh C, Law R. Modeling and Forecasting Tourism Demand for Arrivals with Stochastic Nonstationary Seasonality and Intervention ［J］. Tourism Management, 2002, 23 （5）: 499-510.

［149］ Gunter U, Onder I. Forecasting City Arrivals with Google Analytics ［J］. Annals of Tourism Research, 2016 （61）: 199-212.

［150］ Gupta H V, Sorooshian S, Yapo P O. Status of Automatic Calibration for Hydrologic Models: Comparison with Multilevel Expert Calibration ［J］. Journal of Hydrologic Engineering, 1999, 4 （2）: 135-143.

［151］ Gustavsson P, Nordstrm J. The Impact of Seasonal Unit Roots and Vector ARMA Modelling on Forecasting Monthly Tourism Flows ［J］. Tourism Economics, 1999, 7 （150）: 1-24.

［152］ Guzman G. Internet Search Behavior as an Economic Forecasting Tool: The Case of Inflation Expectations ［J］. Journal of Economic and Social Measurement, 2011, 36 （3）: 4187-4199.

［153］ Gómez-Zamudio L M, Ibarra-Ramírez R. Are Daily Financial Data Useful for Forecasting GDP? Evidence from Mexico ［R］. Working Papers, 2017.

［154］ Havranek T, Zeynalov A. Forecasting Tourist Arrivals: Google Trends Meets Mixed-Frequency Data ［J］. Tourism Economics, 2019 （27）: 129-148.

［155］ Heaton J B, Polson N G, Witte J H. Deep Learning in Finance ［R/OL］. Working Paper. ［2016-02-21］. https: //arxiv. org/abs/1602. 06561.

[156] Hinton G E, Osindero S, Teh Y. A Fast Learning Algorithm for Deep Belief Nets [J]. Neural Computation, 2006, 18 (7): 1527-1554.

[157] Hinton G, Deng L, Dong Y, Dahl, et al. Deep Neural Networks for Acoustic Modeling in Speech Recognition: The Shared Views of Four Research Groups [J]. IEEE Signal Processing Magazine, 2012, 29 (6): 82-97.

[158] Hinton G. Graduate Summer School: Deep Learning, Feature Learning [R]. https://www. ipam. ucla. edu/schedule. aspx? pc=gss2012.

[159] Hochreiter S, Schmidhuber J. Long Short-Term Memory [J]. Neural Computation, 1997, 9 (8): 1735-1780.

[160] Hoerl A E, Kennard R W. Ridge Regression: Applications to Nonorthogonal Problems [J]. Technometrics, 1970, 12 (1): 69-82.

[161] Hong W C. Traffic Flow Forecasting by Seasonal SVR with Chaotic Simulated Annealing Algorithm [J]. Neurocomputing, 2011, 74 (12): 2096-2107.

[162] Huang L, Zheng W. Novel Deep Learning Approach for Forecasting Daily Hotel Demand with Agglomeration Effect [J]. International Journal of Hospitality Management, 2021 (98): 103038.

[163] Hubbard D W. Pulse: The New Science of Harnessing Internet Buzz to Track Threats and Opportunities [M]. New Jersey: Wiley, 2011.

[164] Iso-Ahola S E. Toward a Social Psychological Theory of Tourism Motivation: A Rejoinder [J]. Annals of Tourism Research, 1982, 9 (2): 256-262.

[165] Jackman M, Greenidge K. Modelling and Forecasting Tourist Flows to Barbados Using Structural Time Series Models [J]. Tourism and Hospitality Research, 2010, 10 (1): 1-13.

[166] Jang S S, Cai L A. Travel Motivations and Destination Choice: A Study of British Outbound Market [J]. Journal of Travel and Tourism Marketing, 2002, 13 (3): 111-133.

[167] Jia F, Cheng X, Duan Z. Analyzing the Activity Areas of Non-Resident

Tourists of Shanghai Expo Using Cellular Phone Data [J]. Procedia-Social and Behavioral Sciences, 2013 (96): 1136-1145.

[168] Jiao X, Li G, Chen J L. Forecasting International Tourism Demand: A Local Spatiotemporal Model [J]. Annals of Tourism Research, 2020 (83): 102937.

[169] Johnson H A, Wagner M M, Hogan W R, et al. Analysis of Web Access Logs for Surveillance of Influenza [J]. Studies in Health Technology and Informatics, 2004, 107 (2): 1202-1216.

[170] Judge G, Hand C. Searching for the Picture: Forecasting UK Cinema Admissions Making Use of Google Trends Data [J]. Applied Economics Letters, 2012, 19 (11): 1051-1055.

[171] Jwb A, Yang L B, Hui L. Daily Tourism Volume Forecasting for Tourist Attractions [J]. Annals of Tourism Research, 2020 (83): 102923.

[172] Kim D Y, Lehto X Y, Morrison A M. Gender Differences in Online Travel Information Search: Implications for Marketing Communications on the Internet [J]. Tourism Management, 2007 (28): 423-433.

[173] Kim H H, Swanson N R. Methods for Backcasting, Nowcasting and Forecasting Using Factor-MIDAS: With an Application to Korean GDP [J]. Journal of Forecasting, 2017, 37 (3): 281-302.

[174] Kon S C, Turner L W. Neural Network Forecasting of Tourism Demand [J]. Tourism Economics, 2005, 11 (3): 301-328.

[175] Konstantin A K, Podstawski M, Siliverstovs B, et al. Google Searches as a Means of Improving the Nowcasts of Key Macroeconomic Variables [J]. Discussion Papers of Diw Berlin, 2009 (946): 1-16.

[176] Kristoufek L. Can Google Trends Search Queries Contribute to Risk Diversification [J]. Scientific Reports, 2013, 3 (9): 1-6.

[177] Krizhevsky A, Sutskever I, Hinton G E. Imagenet Classification with Deep Convolutional Neural Networks [C] // International Conference on Neural Information

Processing Systems, 2012: 1097-1105.

[178] Kulendran N, Wilson K. Modelling Business Travel [J] . Tourism Economics, 2000 (6): 47-59.

[179] Kulendran N, Witt S F. Leading Indicator Tourism Forecasts [J] . Tourism Management, 2003, 24 (5): 503-510.

[180] Kulkarni G, Kannan P K, Moe W. Using Online Search Data to Forecast New Product Sales [J] . Decision Support Systems, 2012, 52 (3): 604-611.

[181] Kulkarni R, Haynes K E, Stough R R, et al. Forecasting Housing Prices with Google Econometrics [J] . SSRN Electronic Journal, 2009 (10): 2-37.

[182] Laber G. Determinants of International Travel Between Canada and the United States [J] . Geographical Analysis, 1969, 1 (4): 329-336.

[183] Lake B M, Salakhutdinov R, Tenenbaum J B. Human–Level Concept Learning through Probabilistic Program Induction [J] . Science, 2015, 350 (6266): 1332-1338.

[184] Law R, Au N A Neural Network Model to Forecast Japanese Demand for Travel to Hong Kong [J] . Tourism Management, 1999, 20 (1): 89-97.

[185] Law R, Li G, Fong D K C, et al. Tourism Demand Forecasting: A Deep Learning Approach [J] . Annals of Tourism Research, 2019, 75 (3): 410-423.

[186] Law R. The Impact of the Asian Financial Crisis on Japanese Demand for Travel to Hong Kong: A Study of Various Forecasting Techniques [J] . Journal of Travel and Tourism Marketing, 2001, 10 (2): 47-65.

[187] LeCun Y, Bengio Y, Hinton G. Deep Learning [J] . Nature, 2015, 521 (7553): 436-444.

[188] Leon A, Nave J M, Rubio G. The Relationship between Risk and Expected Return in Europe [J] . Journal of Banking and Finance, 2007, 31 (2): 495-512.

[189] Leung D, Law R, Van Hoof H, et al. Social Media in Tourism and Hospi-

tality: A Literature Review [J] . Journal of Travel and Tourism Marketing, 2013, 30 (1-2): 3-22.

[190] Li G, Song H, Witt S F. Recent Developments in Econometric Modeling and Forecasting [J] . Journal of Travel Research, 2005, 44 (1): 82-99.

[191] Li G, Song H, Witt S F. Time Varying Parameter and Fixed Parameter Linear AIDS: An Application to Tourism Demand Forecasting [J] . International Journal of Forecasting, 2006, 22 (1): 57-71.

[192] Li G, Wong K K, Song H, et al. Tourism Demand Forecasting: A Time Varying Parameter Error Correction Model [J] . Journal of Travel Research, 2006, 45 (2): 175-185.

[193] Li H, Hu M, Li G. Forecasting Tourism Demand with Multisource Big Data [J] . Annals of Tourism Research, 2020 (83): 102912.

[194] Li S, Chen T, Wang L, et al. Effective Tourist Volume Forecasting Supported by PCA and Improved BPNN Using Baidu Index [J] . Tourism Management, 2018 (68): 116-126.

[195] Li X, Law R, Xie G, et al. Review of Tourism Forecasting Research with Internet Data [J] . Tourism Management, 2021, 83 (3): 104245.

[196] Li X, Law R. Forecasting Tourism Demand with Decomposed Search Cycles [J] . Journal of Travel Research, 2020 (59): 52-68.

[197] Li X, Pan B, Law R, et al. Forecasting Tourism Demand with Composite Search Index [J] . Tourism Management, 2017 (59): 57-66.

[198] Li X, Shang W, Wang S, et al. A MIDAS Modelling Framework for Chinese Inflation Index Forecast Incorporating Google Search Data [J] . Electronic Commerce Research and Applications, 2015, 14 (1-6): 112-125.

[199] Lim C, McAleer M. Cointegration Analysis of Quarterly Tourism Demand by Hong Kong and Singapore for Australia [J] . Applied Economics, 2010 (33): 1599-1619.

［200］Lim C, McAleer M. Forecasting Tourist Arrivals ［J］. Annals of Tourism Research, 2001, 28 (4): 965-977.

［201］Lim C. The Major Determinants of Korean Outbound Travel to Australia ［J］. Mathematics and Computers in Simulation, 2004, 64 (3-4): 477-485.

［202］Lincoln N P. The Relationship Between Internet Marketing, Search Volume and Product Sales ［D］. Columbus Ohio State University, 2011.

［203］Liu Y Y, Tseng F M, Tseng Y H. Big Data Analytics for Forecasting Tourism Destination Arrivals with the Applied Vector Autoregression Model ［J］. Technological Forecasting and Social Change, 2018 (130): 123-134.

［204］Long W, Liu C, Song H Y. Pooling in Tourism Demand Forecasting ［J］. Journal of Travel Research, 2019 (58): 1161-1174.

［205］Lu H, Zhang J, Xu Z, et al. Prediction of Tourist Flow Based on Multi-Source Traffic Data in Scenic Spot ［J］. Transactions in GIS, 2021, 25 (1): 1082-1103.

［206］Martin C A, Witt S F. Tourism Demand Forecasting Models: Choice of Appropriate Variable to Represent Tourists' Cost of Living ［J］. Tourism Management, 1987, 8 (3): 233-246.

［207］Martín M B G. Weather, Climate and Tourism a Geographical Perspective ［J］. Annals of Tourism Research, 2005, 32 (3): 571-591.

［208］Meyer D, Dewar K A New Tool for Investigating the Effect of Weather on Visitor Numbers ［J］. Tourism Analysis, 1999, 4 (3-4): 145-155.

［209］Miao R, Ma Y. The Dynamic Impact of Web Search Volume on Product Sales: An Empirical Study Based on Box Office Revenues ［C］//WHICEB 2015 Proceedings, 2015.

［210］Michailidou A V, Viachokostas C, Moussiopoulos N. Interactions between Climate Change and the Tourism Sector: Multiple-Criteria Decision Analysis to Assess Mitigation and Adaptation Options in Tourism Areas ［J］. Tourism Management,

2016, 55 (8): 1-12.

[211] Min K, Zhong H, He J, et al. Using Google Trends for Influenza Surveillance in South China [J]. Plos One, 2013, 8 (1): e55205.

[212] Mitchell T M. Machine Learning [M]. New York: McGraw-Hill, 2003.

[213] Moore G H. Business Cycle Indicators [M]. New Jersey: Princeton University Press, 1961.

[214] Moore W R. The Impact of Climate Change on Caribbean Tourism Demand [J]. Current Issues in Tourism, 2010, 13 (5): 495-505.

[215] Moriasi D N, Arnold J G, Liew M W V, et al. Model Evaluation Guidelines for Systematic Quantification of Accuracy in Watershed Simulations [J]. Transactions of the ASABE, 2007, 50 (3): 885-900.

[216] Nash J E, Sutcliffe J V. River Flow Forecasting through Conceptual Models [J]. Journal of Hydrology, 1970 (10): 282-290.

[217] Nor M E, Nurul A I, Rusiman M S. A Hybrid Approach on Tourism Demand Forecasting [J]. Journal of Physics: Conference Series, 2018, 995 (1): 1-11.

[218] Norsworthy J R, Tsai D H. Macroeconomic Policy as Implicit Industrial Policy: Its Industry and Enterprise Effects [M]. Berlin: Springer, 1998.

[219] O'Hagan J W, Harrison M. Market Shares of US Tourist Expenditure in Europe: An Econometric Analysis [J]. Applied Economics, 1984, 16 (6): 919-931.

[220] Okazaki M, Nagasaka R, Miyata R. Prediction of the Box-Office with Publicly Available Information and Web Search Volume [C] // International Conference on Intelligent Informatics and Biomedical Sciences. IEEE, 2016: 418-419.

[221] Önder I, Gunter U. Forecasting Tourism Demand with Google Trends for a Major European City Destination [J]. Tourism Analysis, 2016, 21 (2-3): 203-220.

[222] Otero-Giráldez M S, Álvarez-Díaz M, González-Gómez M. Estimating the Long-Run Effects of Socioeconomic and Meteorological Factors on the Domestic Tourism Demand for Galicia (Spain) [J]. Tourism Management, 2012, 33 (6): 1301-1308.

[223] Owyang M T, Armesto M T, Engemann K M. Forecasting with Mixed Frequencies [J]. Review, 2010, 92 (11): 521-536.

[224] O'Connor P. Electronic Information Distribution in Tourism and Hospitality [M]. Wallingford: CAB International, 1999.

[225] Page S, Song H, Wu D C. Assessing the Impacts of the Global Economic Crisis and Swine Flu on Inbound Tourism Demand in the United Kingdom [J]. Journal of Travel Research, 2012, 51 (2): 142-153.

[226] Pai P F, Hong W C, Lin C S. Forecasting Tourism Demand Using a Multifactor Support Vector Machine Model [C] // Computational Intelligence and Security, December 15-19: 2005.

[227] Pai P F, Hong W C. An Improved Neural Network Model in Forecasting Arrivals [J]. Annals of Tourism Research, 2005, 32 (4): 1138-1141.

[228] Palmer A, Montano J J, Sesé A. Designing an Artificial Neural Network for Forecasting Tourism Time Series [J]. Tourism Management, 2006, 27 (5): 781-790.

[229] Pan B, Wu D C, Song H. Forecasting Hotel Room Demand Using Search Engine Data [J]. Journal of Hospitality and Tourism Technology, 2012, 3 (3): 196-210.

[230] Pan B, Yang Y. Forecasting Destination Weekly Hotel Occupancy with Big Data [J]. Journal of Travel Research, 2017, 56 (7): 957-970.

[231] Pan Z, Wang Q, Wang Y, et al. Forecasting U. S. real GDP Using Oil Prices: A Time-Varying Parameter MIDAS Model [J]. Energy Economics, 2018, 72 (2): 177-187.

[232] Papatheodorou A. Why People Travel to Different Place [J] . Annals of Tourism Research, 2001, 28 (1): 164-179.

[233] Park S, Lee J, Song W. Short-Term Forecasting of Japanese Tourist In-flow to South Korea Using Google Trends Data [J] . Journal of Travel and Tourism Marketing, 2017, 34 (3): 357-368.

[234] Pearce P L. The Social Psychology of Tourist Behaviour [M] . Oxford: Pergamon Press, 1982.

[235] Peeters P, Dubois G. Tourism travel Under Climate Change Mitigation Constraints [J] . Journal of Transport Geography, 2010, 18 (3): 447-457.

[236] Peng B, Song H, Crouch G I. A Meta-Analysis of International Tourism Demand Forecasting and Implications for Practice [J] . Tourism Management, 2014 (45): 181-193.

[237] Peng G, Wang J. Detecting Syphilis Amount in China Based on Baidu Query Data [C] // 2nd International Conference on Soft Computing in Information Communication Technology, 2014.

[238] Perkins D, Debbage K. Weather and Tourism: Thermal Comfort and Zoo-logical Park Visitor Attendance [J] . Atmosphere, 2016, 7 (3): 44.

[239] Qin M, Liu H. Baidu Index, Mixed-frequency Model and Sanya Tourism Demand [J] . Tourism Tribune, 2019 (34): 116-126.

[240] Qu H, Lam S. A Travel Demand Model for Mainland Chinese Tourists to Hong Kong [J] . Tourism Management, 1997, 18 (8): 593-597.

[241] Reis B Y, Brownstein J S. Measuring the Impact of Health Policies Using Internet Search Patterns: The Case of Abortion [J] . BMC Public Health, 2010, 10 (1): 514-519.

[242] Rivera R. A Dynamic Iinear Model to Forecast Hotel Registrations in Puer-to Rico Using Google Trends Data [J] . Tourism Management, 2016 (57): 12-20.

[243] Saha S, Yap G. The Moderation Effects of Political Instability and Terror-

ism on Tourism Development: A Cross-Country Panel Analysis [J]. Journal of Travel Research, 2014, 53 (4): 509-521.

[244] Schneider M J, Gupta S. Forecasting Sales of New and Existing Products Using Consumer Reviews: A Random Projections Approach [J]. International Journal of Forecasting, 2016, 32 (2): 243-256.

[245] Scott M. Meis. 国家旅游统计系统: 旨在为制定明智的旅游政策和商业决策提供信息参考 [J]. 旅游学刊, 2016, 31 (3): 1-6.

[246] Seifter A, Schwarzwalder A, Geis K, et al. The Utility of "Google Trends" for Epidemiological Research: Lyme Disease as an Example [J]. Geospatial Health, 2010, 4 (2): 135-137.

[247] Sharad G, Hofman J M, Sébastien L, et al. Predicting Consumer Behavior with Web Search [J]. Proceedings of the National Academy of Sciences of the United States of America, 2010, 107 (41): 17486-17490.

[248] Shortridge J E, Guikema S D. Public Health and Pipe Breaks in Water Distribution Systems: Analysis with Internet Search Volume as a Proxy [J]. Water Research, 2014 (53): 26-34.

[249] Singh J, Knapp H V, Demissie M. Hydrologic Modeling of the Iroquois River Watershed Using HSPF and SWAT [J]. Journal of the American Water Resonrces Association, 2005, 41 (2): 343-360.

[250] Song H, Li G. Tourism Demand Modelling and Forecasting: A Review of Recent Research [J]. Tourism Management Analysis Behaviour and Strategy, 2008, 29 (2): 203-220.

[251] Song H, Lin S, Witt S F, et al. Impact of Financial/Economic Crisis on Demand for Hotel Rooms in Hong Kong [J]. Tourism Management, 2011, 32 (1): 172-186.

[252] Song H, Qiu R, Park J. A Review of Research on Tourism Demand Forecasting [J]. Annals of Tourism Research, 2019, 75 (3): 338-362.

［253］Song H, Romilly P, Liu X. An Empirical Study of Outbound Tourism Demand in the UK ［J］. Applied Economics, 2000, 32 (5): 611-624.

［254］Song H, Witt S F, Li G. The Advanced Econometrics of Tourism Demand ［M］. New York: Routledge, 2008.

［255］Song H, Witt S F. Forecasting International Tourist Flows to Macau ［J］. Tourism Management, 2006, 27 (2): 214-224.

［256］Song H, Wong K K F, Chon K K S. Modelling and Forecasting the Demand for Hong Kong Tourism ［J］. International Journal of Hospitality Management, 2003, 22 (4): 435-451.

［257］Song T M, Song J, An J Y, et al. Psychological and Social Factors Affecting Internet Searches on Suicide in Korea: A Big Data Analysis of Google Search Trends ［J］. Yonsei Medical Journal, 2014, 55 (1): 254-263.

［258］Stock J H, Watson M W. Forecasting Using Principal Components from a Large Number of Predictors ［J］. Journal of the American Statistical Association, 2002, 97 (400): 1167-1179.

［259］Stock J H, Watson M W. How did Leading Indicator Forecasts Perform during the 2001 Recession? ［J］. Economic Quarterly, 2003, 89 (3): 71-90.

［260］Sun S, Wei Y, Tsui K L, et al. Forecasting Tourist Arrivals with Machine Learning and Internet Search Index ［J］. Tourism Management, 2019, 70 (3): 1-10.

［261］Sutskever I, Vinyals O, Le Q V. Sequence to Sequence Learning with Neural Networks ［C］//Proceedings of the 27th International Neural Information Processing Systems, 2014: 3104-3112.

［262］Syriopoulos T C. A Dynamic Model of Demand for Mediterranean Tourism ［J］. International Review of Applied Economics, 1995, 9 (3): 318-336.

［263］Tang J. Evaluation of the Forecast Models of Chinese Tourists to Thailand Based on Search Engine Attention: A Case Study of Baidu ［J］. Wireless Personal

Communications, 2018, 102 (4): 3825-3833.

[264] Tao Y, Chen H, Qiu C. Wind Power Prediction and Pattern Feature Based on Deep Learning Method [C] . IEEE Pes Asia-Pacific Power and Energy Engineering Conference, 2014: 1-4.

[265] Timmermann A G. Forecast combinations [M] //Elliott G, Granger C, Timmermann A. Handbook of Economic Forecasting [M] . North Holland: Amsterdam: Elsevier, 2006.

[266] Tsui W H K, Balli H O, Gilbey A, et al. Forecasting of Hong Kong Airport's Passenger Throughput [J] . Tourism Management, 2014 (42): 62-76.

[267] Uysal M, Jurowski C. Testing the Push and Pull Factors [J] . Annals of Tourism Research, 1994, 21 (4): 844-846.

[268] Vanegas M, Sr Croes R R. Evaluation of Demand: US Tourists to Aruba [J] . Annals of Tourism Research, 2000, 27 (4): 946-963.

[269] Vapnik J H, Watson M W. Combination Forecasts of Output Growth in a Seven-Country Data Set [J] . Journal of Forecasting, 2004 (23): 405-430.

[270] Vapnik V N. The Nature of Statistical Learning Theory [M] . New York: Springer, 1995.

[271] Varian H R. Big Data: New Tricks for Econometrics [J] . Journal of Economic Perspectives, 2014, 28 (2): 3-27.

[272] Vila T D, Vila N A, Gonzáalez E A, et al. The Role of the Internet as a Tool to Search for Tourist Information [J] . Journal of Global Information Management, 2018, 26 (1): 58-84.

[273] Volchek K, Liu A, Song H, et al. Forecasting Tourist Arrivals at Attractions: Search Engine Empowered Methodologies [J] . Tourism Economics, 2019, 25 (3): 425-447.

[274] Vosen S, Schmidt T. A Monthly Consumption Indicator for Germany Based on Internet Search Query Data [J] . Applied Economics Letters, 2012, 19 (7): 683-

687.

[275] Vosen S, Schmidt T. Forecasting Private Consumption: Survey-Based Indicators vs. Google Trends [J] . Journal of Forecasting, 2011, 30 (6): 565-578.

[276] Wong K, Song H, Chon K. Modelling and Forecasting the Demand for Thai Tourism [J] . International Journal of Hospitality Management, 2003, 22 (4): 435-451.

[277] Wan S, Song H. Forecasting Turning Points in Tourism Growth [J] . Annals of Tourism Research, 2018, 72 (1): 156-167.

[278] Wang C H. Predicting Tourism Demand Using Fuzzy Time Series and Hybrid Grey Theory [J] . Tourism Management, 2004, 25 (3): 367-374.

[279] Weatherford L R, Kimes S E. A Comparison of Forecasting Methods for Hotel Revenue Management [J] . International Journal of Forecasting, 2003, 19 (3): 401-415.

[280] Wei J R, Cui H M. The Construction of Regional Tourism Index and Its Micro-Dynamic Characteristics: A Case Study of Xi'an [J] . Journal of Systems Science and Complexity, 2018, 38 (2): 177-194.

[281] Wei X, Li Z, Cheng C, et al. Data Mining for Unemployment Rate Prediction Using Search Engine Query Data [J] . Service Oriented Computing and Applications, 2013, 7 (1): 33-42.

[282] Wen L, Liu C, Song H, et al. Forecasting Tourism Demand with an Improved Mixed Data Sampling Model [J] . Journal of Travel Research, 2020, 60 (3): 336-353.

[283] Wen L, Liu C, Song H. Forecasting Tourism Demand Using Search Query Data: A Hybrid Modelling Approach [J] . Tourism Economics, 2019, 25 (3): 309-329.

[284] Witt S F, Martin C A. Econometric Models for Forecasting International Tourism Demand [J] . Journal of Travel Research, 1987, 25 (3): 23-30.

[285] Wong K K, Song H, Chon K S. Bayesian Models for Tourism Demand Forecasting [J]. Tourism Management, 2006, 27 (5): 773-780.

[286] Wu L, Brynjolfsson E. The Future of Prediction: How Google Searches Foreshadow Housing Prices and Sales [J]. Economic Analysis of the Digital Economy, 2014 (4): 89-118.

[287] Xiang Z, Du Q, Ma Y, et al. A Comparative Analysis of Major Online Review Platforms: Implications for Social Media Analytics in Hospitality and Tourism [J]. Tourism Management, 2017 (58): 51-65.

[288] Xiang Z, Schwartz Z, Gerdes J H, et al. What can Big Data and Text Analytics Tell us about Hotel Guest Experience and Satisfaction? [J]. International Journal of Hospitality Management, 2015 (44): 120-130.

[289] Xie T, Yang Z, Yang S, et al. Correlation Between Reported Human Infection with Avian Influenza A H7N9 Virus and Cyber User Awareness: What can We Learn from Digital Epidemiology? [J]. International Journal of Infectious Diseases, 2014, 22 (5): 1-3.

[290] Xu Q, Wang L, Jiang C, et al. A Novel (U) MIDAS-SVR Model with Multi-Source Market Sentiment for Forecasting Stock Returns [J]. Neural Computing and Applications, 2020, 32 (1): 5875-5888.

[291] Yang A C, Huang N E, Peng C K, et al. Do Seasons Have an Influence on the Incidence of Depression? The Use of an Internet Search Engine Query Data as a Proxy of Human Affect [J]. Plos One, 2010, 5 (10): e13728.

[292] Yang X, Pan B, Evans J A, et al. Forecasting Chinese Tourist Volume with Search Engine Data [J]. Tourism Management, 2015 (46): 386-397.

[293] Yang Y, Pan B, Song H. Predicting Hotel Demand Using Destination Marketing Organization's WEB Traffic Data [J]. Journal of Travel Research, 2014, 53 (4): 433-447.

[294] Yang Y, Wong K K F. A Spatial Econometric Approach to Model Spillover

Effects in Tourism Flows [J] . Journal of Travel Research, 2012, 51 (6): 768-778.

[295] Yang Y, Zhang H. Spatial – Temporal Forecasting of Tourism Demand [J] . Annals of Tourism Research, 2019, 75 (3): 106-119.

[296] Ye Q, Zhang Z, Law R. Sentiment Classification of Online Reviews to Travel Destinations by Supervised Machine Learning Approaches [J] . Expert Systems with Applications, 2009, 36 (3): 6527-6535.

[297] Yu G, Schwartz Z. Forecasting Short Time-Series Tourism Demand with Artificial Intelligence Models [J] . Journal of Travel Research, 2006, 45 (2): 194-203.

[298] Yuan F C, Lee C H. Intelligent Sales Volume Forecasting Using Google Search Engine Data [J] . Soft Computing, 2020, 24 (2): 2033-2047.

[299] Yuan Q, Nsoesie E O, Lv B, et al. Monitoring Influenza Epidemics in China with Search Query from Baidu [J] . Plos One, 2013, 8 (5): e64323.

[300] Zhang B, Huang X K, Li N, et al. A Novel Hybrid Model for Tourist Volume Forecasting Incorporating Search Engine Data [J] . Asia Pacific Journal of Tourism Research, 2017, 22 (3): 245-254.

[301] Zhang B, Li N, Law R, et al. A Hybrid MIDAS Approach for Forecasting Hotel Demand Using Large Panels of Search Data [J] . Tourism Economics, 2021 (29): 1-25.

[302] Zhang B, Pu Y, Wang Y, et al. Forecasting Hotel Accommodation Demand Based on LSTM Model Incorporating Internet Search Index [J] . Sustainability, 2019, 11 (17): 4708.

[303] Zhang B, Li N, Shi F, et al. A Deep Learning Approach for Daily Tourist Flow Forecasting with Consumer Search Data [J] . Asia Pacific Journal of Tourism Research, 2020, 25 (3): 323-339.

[304] Zhang X, Zheng G H, Shang W, et al. An Integrated Decision Support Framework for Macroeconomic Policy Making Based on Early Warning Theories [J] .

International Journal of Information Technology and Decision Making, 2009, 8 (2): 335-359.

[305] Zhang Z, Zhang Z, Yang Y. The Power of Expert Identity: How Websit-erecognized Expert Reviews Influence Travelers' Online Rating Behavior [J]. Tourism Management, 2016 (55): 15-24.

[306] Zheng H, Lin F, Feng X, et al. A Hybrid Deep Learning Model with Attention-Based Conv-LSTM Networks for Short-Term Traffic Flow Prediction [J]. IEEE Transactions on Intelligent Transportation Systems, 2020, 22 (11): 6910-6920.

[307] Zheng W, Huang L, Lin Z. Multi-Attraction, Hourly Tourism Demand Forecasting [J]. Annals of Tourism Research, 2021, 90 (5): 103271.

[308] Zhi D, Joseph E, Pengjie G. Editor's Choice: The Sum of all Fears Investor Sentiment and Asset Prices [J]. Review of Financial Studies, 2015, 28 (1): 1-32.

[309] Zhi D, Joseph E, Pengjie G. In Search of Attention [J]. Journal of Finance, 2011, 66 (5): 1461-1499.

[310] Zhou P, Shi W, Tian J, et al. Attention-Based Bidirectional Long Short-Term Memory Networks for Relation Classification [C] //Proceedings of the 54th Annual Meeting of the Association for Computational Linguistics, 2016.